解读北首岭

赵 辉 著

陕西新华出版
陕西科学技术出版社
Shaanxi Science and Technology Press
西 安

图书在版编目（CIP）数据

解读北首岭 / 赵辉著 . -- 西安 ： 陕西科学技术出版社， 2024.9. -- ISBN 978-7-5369-9007-4

Ⅰ . K871.134

中国国家版本馆 CIP 数据核字第 2024ZR9742 号

解读北首岭

JIEDU BEISHOULING

赵辉 著

出 版 人 崔 斌
责任编辑 郭 勇 刘维娜
封面设计 屈佩瑶

出 版 者 陕西科学技术出版社
西安市曲江新区登高路 1388 号陕西新华出版传媒产业大厦 B 座
电话（029）81205187 传真（029）81205155 邮编 710061
http://www.snstp.com
发 行 者 陕西科学技术出版社
电话（029）81205180 81205178
印 刷 广东虎彩云印刷有限公司
规 格 787mm × 1092mm 16 开本
印 张 9.75
字 数 96 千字
版 次 2024 年 9 月第 1 版
2024 年 9 月第 1 次印刷
书 号 ISBN 978-7-5369-9007-4
定 价 98.00 元

前　言

在人类历史的长河中，每一处遗址都像闪耀着人类智慧光芒的明珠，而北首岭遗址便是其中璀璨的一颗。

北首岭遗址自发现以来，一直是考古学界关注的焦点。作为仰韶文化的重要代表，北首岭遗址包含了大量的房址、墓葬、陶器、石器以及其他生活遗迹，生动再现了黄河流域先民的生产生活方式和社会发展进程。北首岭遗址以其丰富的文化内涵和深厚的历史积淀，为我们揭示了史前人类的生活状态、社会结构及文化演进的独特面貌。北首岭遗址的研究成果不仅对于重构中国新石器时代中段的社会历史文化具有重大意义，更是对探索中华文明起源与发展脉络的一把关键钥匙。

在考古资料的基础上，本书对北首岭遗址出土文物做了系统梳理与科学分析，力求全面、深入地解读其背后蕴含的文化信息与历史价值，力图以严谨的学术态度和创新的研究视角，挖掘北首岭遗址的独特性及其在史前文化中的地位。

在此过程中，我们借鉴并融合了多学科的研究方法，结合现代科技手段，力求使传统考古学与科技考古相结合，以此提升我们对北首岭遗址认识的深度与广度。同时，也期待通过这部著作，推动国内乃至国际考古学界对北首岭遗址及同期相关文化现象的进一步讨论与研究。

任何学术研究都是永无止境的探索，关于北首岭遗址的诸多问题仍有待我们去解答。希望本书能够激发更多学者对北首岭遗址的关注与热爱，共同推进中国史前考古学的发展，以期在追寻中华民族远古足迹的过程中，揭示更多有关我们民族精神家园的历史真相。

目　录

第一章　地理环境与自然环境

大约 1 万年前，逐渐脱离蒙昧的远古人类发展进入了一个新的阶段——新石器时代。作为人类进入文明时代的过渡阶段，磨制石器成为主要的生活、生产工具，烧制陶器登上了历史的舞台，人类开始有意识地进行农作物的种植。

随着中国考古事业的发展进步，全国共有 5000 多处新石器时代仰韶文化遗址被发现，而北首岭博物馆所在的宝鸡地区就有 880 处，占全国现已发现的仰韶文化遗址的近五分之一。这些史前遗迹向世人展示了处于蒙昧时代的人类生活的画卷，印证了这片土地上曾经孕育了璀璨辉煌的史前文明。

科学发掘证实，北首岭遗址是一处保存比较完好的仰韶文化聚落遗址，发现有丰富的居住遗址、墓葬遗址、遗物等，为我们提供了距今 7100 ～ 5600 年前北首岭先民的生活状况。这个遗址是新石器时代仰韶文化遗址的重要组成部分，也是我国史前文化的重要见证，对于我们了解、研究新石器时代的发展过程具有重要意义。

一、地理环境

古老的文明总是依偎着河流发展起来的。因为对于生产水平低下的远古人类来说，河流就是他们生活、生产的天然保障。

宝鸡市位于关中盆地西部，是陕西省西部的一个重要城市，也是我国西北地区文化、交通的枢纽地带之一。宝鸡市南距秦岭，北依渭北黄土台源，渭水自西而东流经市区，两岸形成狭小的冲积平原。渭河平原区有两级河旁阶地。第二级阶地宽200～1000米，上覆10～15米厚的黄土和砂质黏土，地势平坦，距水近，地势高，土质肥沃，无水患之忧，是原始居民比较理想的生活区域（图1-1）。

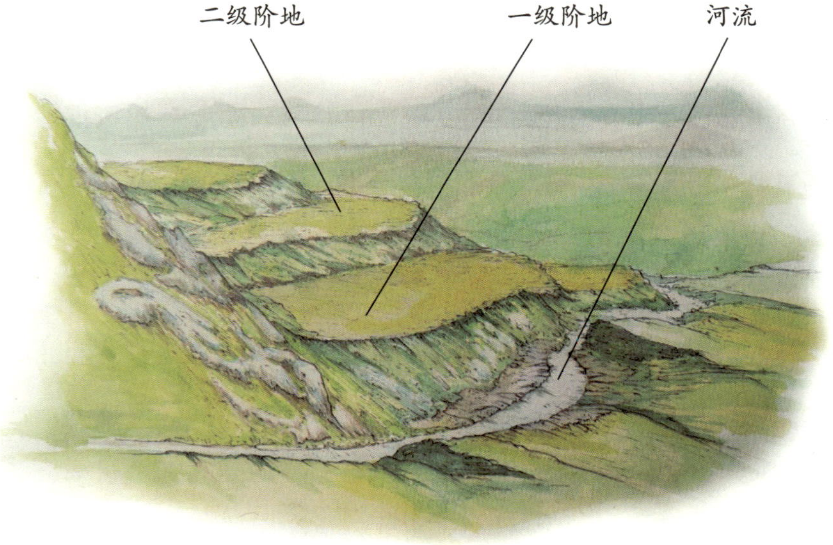

图1-1　河谷阶地图

北首岭遗址位于现在的宝鸡市中心区域的东北部，南距渭河约 2 千米。这里河流密布，不仅有由西向东流的渭河，还有太寅河、塔稍河、清姜河、石坝河、高家河、巨家河、茵香河、硖石河、玉涧河、金陵河以及千河等多条河流。其中，渭河是主要河流，它和秦岭一起，对北首岭及其所在地区的生态环境产生了巨大的影响。

北首岭遗址是一处内容丰富、保存较好的仰韶文化村落遗址。它位于宝鸡市区的东北部，南距渭河约 2 千米，坐落在渭河北岸的第二阶地上。遗址西靠陵塬，东临南流入渭河的金陵河（图 1-2），隔河与贾村塬对峙（陵塬与贾村塬是高于现在地面 200 余米的黄土台塬）。遗址高出金陵塬河河床约 30 米，南北长约 300 米，东西宽约 200 米，面积约达 60000 平方米，主要部分在龙泉中学校园内。遗址北高南低，相差 2 ～ 3 米。

图 1-2　北首岭遗址发掘前的金陵河的河面

北部地面平坦，是主要居住区；南部地势呈缓坡状，是主要墓葬区。遗址东部断崖由于雨水冲蚀而不断坍塌，毁掉了部分文化堆积（图 1-3）。

图 1-3　北首岭遗址原貌

二、自然环境

北首岭的原始先民选择这里作为他们理想的生活区域也源于此处得天独厚的自然环境。

北首岭遗址南边有天然的气候保障和资源宝库——秦岭，秦岭形成于距今大约 1.95 亿年前的三叠纪的一次剧烈的地壳运动，并在新生代喜马拉雅山形成的那次地壳运动中受到了较大的影响，山林再一次抬高。从远古时代开始，秦岭就是我国的南北分界线，是南北气候、水系的分水岭。专家根据如今秦岭以及渭河的状况推测，在 6000 多年前，北首岭的平均温度要比现在高 2 ～ 5℃，河水流量也比现在要丰沛得多。

位于渭河北岸的这一级阶地宽 400 ～ 1000 米，上面覆盖着 10 ～ 15 米厚的黄土和砂质黏土，为北首岭人提供了种植农作物以及烧制陶器的良好条件。这里地势平坦，靠近水源，土质肥沃，适宜耕种，对于发展原始农业至关重要。另外，二级阶地较高的地势也让他们不用担心水患。

从气候上来说，北首岭属于暖温带半湿润气候。冬天寒冷干燥，夏天则是温热多雨和炎热干燥的天气交替出现。充足的光照和丰富的降雨量为各类植物、动物提供了良好的生态环境。东边紧邻的金陵河中生长着丰富的鱼、蛙、螺等水生动物，不远处的山林里则生长着以偶蹄类为主的荒野动物以及森林植物。动物以野猪、马、鹿等为主，还有数量较少的猴、狗、貉、狐、棕熊等（图 1-4）。

图 1-4　优越的自然环境为北首岭人提供了生存基础

正是这山清水秀、物产丰富的自然环境，使得北首岭有机会创造出新石器时代1500余年的文明。如今，我们可以通过北首岭遗址窥探、寻觅当初人类的生活踪迹（图1-5）。

图1-5　7000年前的北首岭风貌

第二章　北首岭遗址的发现与考古发掘

北首岭遗址因地处敦仁堡村北部的小山岭上而得名“北首岭”。这里原本是宝鸡市一中（后改为龙泉中学）所在地。1953 年 6 月，遗址在建校施工时被发现。1958 年 8 月，宝鸡市一中历史教师李培基向宝鸡市文化局建议，希望对该遗址进行发掘（图 2-1）。

图 2-1　北首岭遗址考古现场还原

1958 至 1978 年，中国科学院考古研究所宝鸡发掘队对北首岭遗址进行了较大规模的发掘。北首岭遗址是一处保存比较完整的仰韶文化村落遗址。发现有丰富的居住遗迹、遗物及年代比半坡类型更早的北首岭类型堆积。这些发现为研究关中地区仰韶文化的面貌及其分期提供了重要资料。

一、发掘过程

北首岭遗址的发掘工作分 2 个阶段进行。

第一阶段的发掘时间为 1958 年 8 月至 1960 年 12 月，发掘面积共 4500 平方米。发掘工作先后进行了 5 次。第一次发掘时间为 1958 年 8 至 12 月；第二次发掘时间为 1959 年 4 至 7 月；第三次发掘时间为 1959 年 9 至 12 月；第四次发掘时间为 1960 年 4 至 7 月；第五次发掘时间为 1960 年 9 至 12 月。为了保护遗迹和弄清遗址建筑群的关系。此阶段的发掘，一清理到房址就停止下挖，所以大多数探方发掘深度仅为 1 ～ 1.5 米，未挖到生土。

第二阶段的发掘时间为 1977 年 10 月至 1978 年 6 月，发掘面积 227 平方米。发掘工作先后进行了 2 次。第一次发掘时间为 1977 年 10 至 12 月；第二次发掘时间为 1978 年 4 至 6 月。此阶段发掘的目的是进一步弄清楚遗址的平面布局和地层关系，特别是为了进一步了解仰韶文化早期的遗存面貌，所以大部分探方都挖到了生土。

前后 2 个阶段的发掘面积共计 4727 平方米，共发现房址

50 座、灰坑 75 个、窑 4 座、排水沟 2 道、灶坑 2 个、墓葬 451 座。发现陶器皿 900 余件，其他生活用具、生产工具及装饰品等遗物共 5000 余件。

二、发掘区和文化堆积

北首岭遗址的发掘分为 6 区，共开探方 178 个，探方大多数是 5 米 ×5 米，方向均为正南北（图 2-2）。

各区仰韶文化堆积内涵是不同的。Ⅰ区、Ⅱ区和Ⅴ区主要有房址；Ⅲ区主要有路土和窑穴；Ⅳ区和Ⅵ区主要有墓葬。

各区地层堆积的一般情况是：第一层为近代地表层，厚 0.2 ～ 0.3 米；第二层为汉代扰乱层，厚 0.2 ～ 0.5 米；第三层以下是仰韶文化堆积。但也有个别区的近代地表层下即为仰韶文化堆积，或在汉代层之下还有 1 层西周时期的扰土层。由于堆积内涵不一，所以各探方具体划分的层次不完全一致。但是，根据地层叠压情况和出土遗物分析，仰韶文化堆积基本上可分上、中、下 3 层，分别代表这里仰韶文化的晚、中、早 3 期。

Ⅰ区位于遗址北部，发掘面积 1300 平方米，开探方 54 个，发现仰韶文化房址 22 座、窑穴 17 个。地层堆积情况：第一层为耕土和路土，厚 0.2 ～ 0.3 米，出有近代砖瓦，属于近代堆积；第二层为黑褐土，厚 0.15 ～ 0.25，深 0.35 ～ 0.55 米，出有汉代砖瓦及周代陶片，为汉以后的扰乱层；第三层为灰褐土，质松软，厚 0.2 ～ 0.4 米，深 0.55 ～ 1 米，出土陶片和兽骨较多，陶器有瓮、罐、钵、盆、碗、瓶等，属于仰韶文化

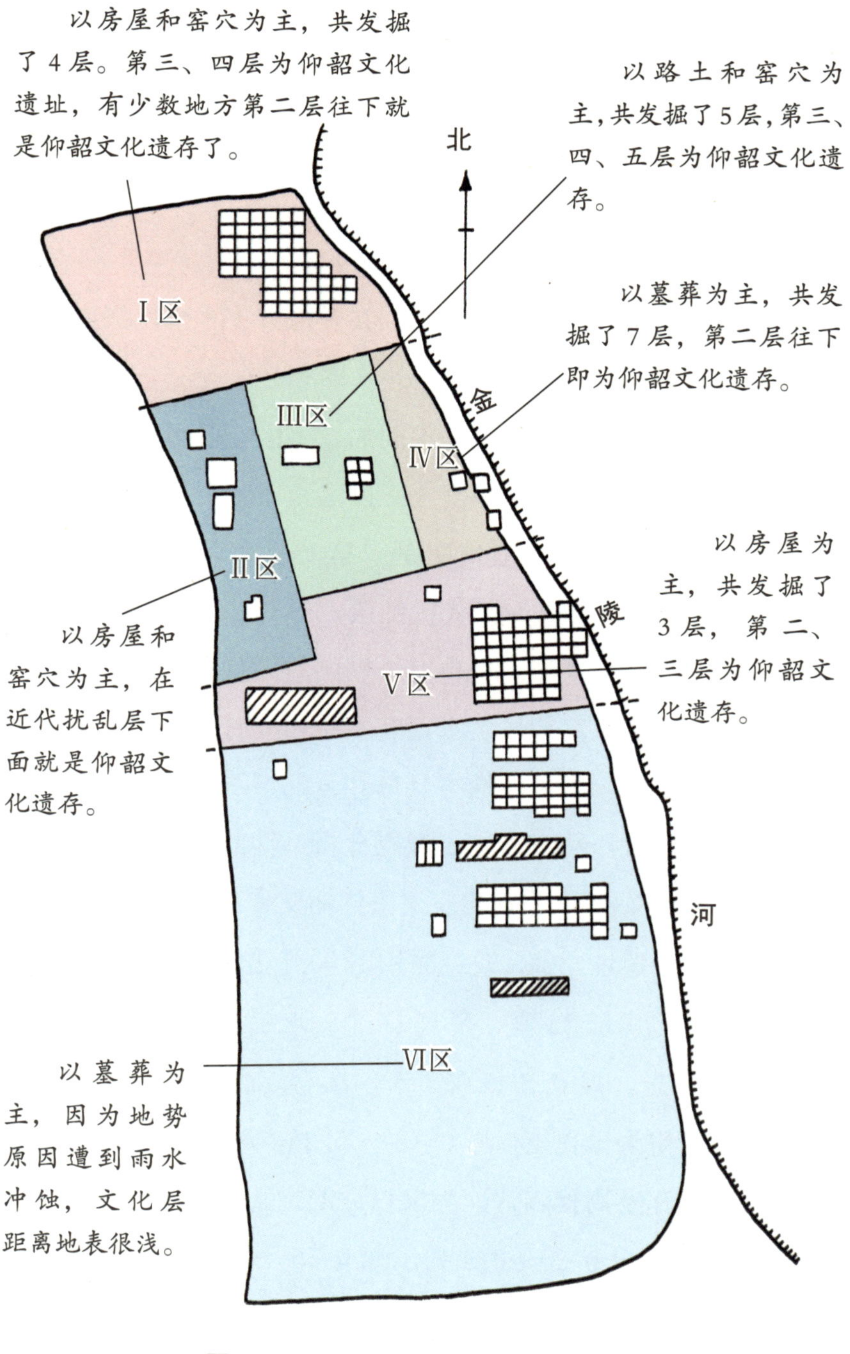

图 2-2　北首岭遗址的发掘区

晚期堆积；第四层为浅黄土，质松软，厚 0.2 米，深 1.2 米，出土陶器器形与第 3 层相同，也属于仰韶文化晚期堆积。

Ⅱ区位于遗址西部，发掘面积 249 平方米，开探方 4 个，发现仰韶文化房址 10 座、窖穴 23 个、灶坑 1 个、窑 3 座、瓮棺墓 1 座。此区近代扰乱层较厚，最厚处可达 1 米。近代层下即为仰韶文化层，其堆积基本可分为上、中、下 3 层：上层包括黄灰土层和灰土层，厚 1.5 米，其内夹有许多小范围的路土和淤土；中层包括黄灰土层和发红的灰土层，厚 0.7 米，土质较硬；下层为灰土，厚 0.7 米，夹杂有许多白色灰烬和木炭屑。

Ⅲ区位于遗址中心，发掘面积 223 平方米，开探方 6 个，没有发现仰韶房屋建筑遗迹，发现窖穴 10 个、瓮棺墓 1 座和深度不同的 4 层路土。路土范围南北长约 100 米，东西宽约 60 米。地层堆积情况：第一层为地表土，厚 0.5 米，出有近代瓷片和铁钉等；第二层为黑胶土，厚约 0.5 米，深 0.9～1 米，出布纹瓦等，为汉唐时期堆积；第三层为灰黄土，厚 1～1.3 米，深 0.9～2.3 米，出重唇瓶、口内沿有凸棱钵、厚唇瓮等陶片，属仰韶文化晚期堆积；第四层为灰土，质较松软，厚 0.8～1 米，深 2～3.1 米，出直口瓶、直腹罐等残片及数量较多的兽骨，属仰韶文化中期堆积；第五层为灰土，质较硬，厚约 0.7 米，深 3～3.7 米，出土物除部分与第 4 层相同外，另有三足罐、圈足罐、小口罐、深腹碗等残片，还有少量兽骨，均属仰韶文化早期堆积。

Ⅳ区位于遗址东部，发掘面积 108 平方米，开探方 3 个，均为6米×6米，发现仰韶房址1座、窖穴12个、灶坑1个、墓葬40座。地层堆积情况：第一层为耕土及近代堆积，厚0.5米；第二层为红褐土，厚0.7米，深1.1米，土质较硬，内含较多的红烧土碎末及料姜石粒，出重唇瓶、唇沿内起凸棱的钵、平唇厚重的瓮等陶器残片，属仰文化韶晚期堆积；第三层为黄灰土，厚0.3～0.5米，深1.1～1.5米，杂质极多，有大量红烧土碎块、石块、碎骨及料姜石等，出土物不多，基本上与第2层接近，仍属仰韶文化晚期堆积；第四层为黄土，厚0.4～0.7米，深1.3～2 米，土质比较纯净，起层，夹有很细的白泥沙，应该是淤土，有的地方则为路土，并有火烤痕迹，属仰韶文化中期堆积；第五层为灰土和路土，厚0.8米，深2～2.7米，出土直口瓶、圆底钵等陶器碎片，属仰韶文化中期堆积；第六层为黄灰间杂的路土层，厚0.6米，深2.7～3.4米，土质很硬，出土的陶片除了仰韶文化中期常见的瓶、钵之外，还有三足罐、深腹碗等残陶片，但由于数量很少，故仍划为仰韶文中期；第七层为发红的灰杂土，厚0.6米，深3.4～4.2米，土质较硬，出土有三足罐、深腹碗、小口罐等陶器残片，属于仰韶文化早期堆积；再下即为生土。

Ⅴ区位于遗址东南部，发掘面积1136平方米，开探方45个，发现仰韶房址17座、窖穴4个、窑1座。地层堆积情况：第一层为近代扰土，厚0.5米；第二层为黑褐土，厚0.3～0.6米，深0.7～1.1米，属仰韶文化晚期堆积；第三层为浅灰土，厚1～1.3米，深0.9～2米，情况与第二层相同，仍属仰韶文化晚期堆积。第三层以下未发掘（图 2-3）。

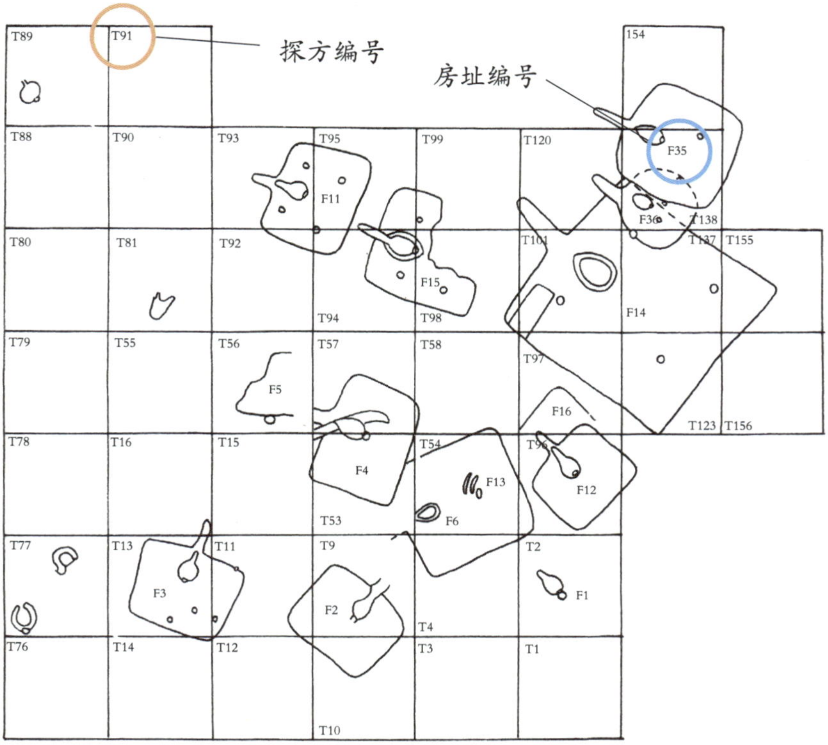

图 2-3　北首岭遗址Ⅴ区平面图

Ⅵ区位于遗址东南部，在Ⅴ区的正南，与Ⅴ区相隔仅 15 米，发掘面积 1711 平方米，开探方 66 个，共发现仰韶墓葬 409 座、窑穴 10 个、水沟 1 道。此区北高南低，因雨水冲蚀及取土，仰韶文化层距地表已很浅，有的墓葬距地表仅 10 厘米，多数墓葬距地表 0.5 ～ 1 米，只有很少数的墓葬距地表 2.5 米左右。由于一部分探方清理到了墓葬便停止下挖，所以未挖到生土。仰韶文化晚期堆积已被学校修建操场破坏，也没有发现仰韶早期堆积，只有仰韶中期堆积。

第三章　北首岭聚落

经过多次考古发掘，专家们基本可以断定，已经发掘的北首岭遗址6个区域共4727平方米属于北首岭遗址的核心范围。从发掘的遗址中可以看出，6个区域中、晚期的发展已经形成了一定的规模，区域的布局也有一定规律性。北首岭先民们在这里聚集成群，过着相对稳定的部落生活，并且建造了他们的安身之所。

一、聚落分布

考古学家在北首岭遗址发现了一个南北长约100米、东西宽约60米的中心广场，这里的路土是经过人工加工的，其中含有料姜石、红烧的碎土块，路面还有被烧红的痕迹，广场中心东侧有多个不规则的柱洞，并且发现了大量被烧烤过的动物骨骼。中心广场对于北首岭人具有重要意义，可以推测出，中心广场是带有原始宗教色彩的地方，北首岭人会在这里进行集

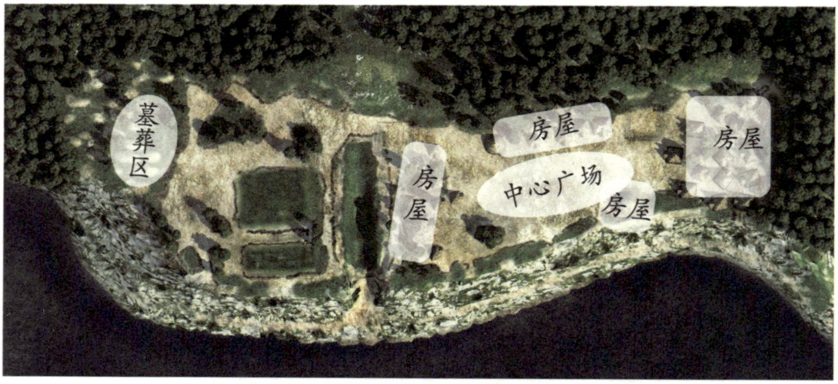

图 3-1　北首岭遗址俯瞰图

会、祭祀、设宴、庆典等活动（图 3-1）。

从北首岭的遗存中可以推断出，当时聚落的房屋都是围绕着中心广场建造的，大部分房屋的房门也是朝着广场开的，而且，房屋的整体分布体现出在广场的西边和北边、东边和南边的房屋遥相对望的情况。围绕中心广场建造房屋，也是原始氏族部落的典型规划。这一点，不只是北首岭，不管是在国外遗址中还是在国内同一时期的半坡、姜寨遗址中，都可以看得出。不过，对于这种建筑方式而言，几乎有一半的房屋都会出现日照不足、通风条件差的问题。北首岭人为了保证整体布局而牺牲居住条件的舒适性，这是由当时生产力低下而且阶级尚未分化的以公有制经济为基础的集体生活所决定的（图 3-2）。

在整个聚落中，墓葬主要分布在东南方向，其他区域分布较少。发掘Ⅳ区和Ⅵ区是墓葬分布很密集的区域，很可能是当时的公共墓葬区，这些区域的东边是金陵河水冲刷后形成的断崖，估计有相当一部分墓葬在河水长年累月的冲刷下已经毁掉。

图 3-2　北首岭聚落围绕中心广场建造房屋

二、房屋

1. 概况

北首岭遗址共发现仰韶房址 50 座：Ⅰ区有 22 座，Ⅱ区有 10 座，Ⅴ区有 17 座，Ⅳ区有 1 座。

绝大多数房址呈方形或长方形，只有 1 座为圆形。方形房址中，有的墙壁拐角处为直角，有的为弧形。面积最大的为 88 平方米，最小的只有 8.7 平方米，多数面积为 12 ～ 30 平方米。

每个房址都有 1 个窄长的门道开在一面墙的正中间，凸出于屋外。门道长 0.85 ～ 2.75，宽 0.4 ～ 1.1 米。门道的大小与房址的面积成正比，房址面积大的，门道就长且宽；房址面积小的，门道相对短而窄；多数门道底部为坡度 5° ～ 22° 的斜坡，个别门道有台阶。门道地面经长期践踏，均有 1 层坚硬的路土。

墙壁保存高度为 0.15 ～ 0.95 米，一般接近垂直，且上部略微向外侧斜，所以房址的口部比底部略大。墙壁均修整平齐，多数墙壁上涂有草泥土和料姜石浆。有的先抹草泥土，有的先抹料姜石浆。如 F23 的四壁及门道两壁，均先抹 1 层厚 1 厘米厚的料姜石浆，然后又抹 1 层 1 厘米厚的草泥土，再用火烧烤成硬面，所以十分光滑平整。

居住面均平坦坚实，有的是长期践踏后形成的路土；有的是经火烧烤形成的硬土面；有的抹草泥土和料姜石浆。如 F36 的居住面上抹有 2 层草泥土，第一层厚 10 ～ 12 厘米，第二层厚 8 厘米。有的居住面与墙壁交接处为直角，有的为弧形。个别房屋居住面上的一角有 1 个方形或长方形的土台，长 1.8 ～ 2.6 米，宽 1 ～ 1.5 米，高 0.13 ～ 0.15 米。个别房屋居住面上有 1 个土坑。如 F17 居住面的东北角就有 1 个土坑，长 90 厘米，宽 82 厘米，深 5 ～ 7 厘米，坑内光滑，内有石磨棒和石磨盘各 1 个，应该是加工谷物的地方（图 3-3）。

图 3-3　北首岭遗址房屋还原图

每个房址均有灶坑，均设在房屋前部接近门道的地方，灶坑一端正对着门道。灶坑的形状以瓢形最多，也有椭圆形和桃形的。瓢形灶的灶身为椭圆形，正对门道的一端有 1 个向外凸出的窄道，很像瓢把。灶口略敞，底平，灶尾埋有 1 个粗砂陶罐，罐口向着门道，其作用应该是保存火种。桃形灶的平面一端为圆弧状，一端为尖状，口大而敞，底小而平，坑壁斜而平滑，坑口有一道隆起的土梁与居住面相隔，底部尖端向外掏有 1 个小洞用以保存火种。其他形式的灶坑小而浅，底部平，灶尾也埋有陶罐。

绝大多数房址都发现有柱洞，数量为 2 ～ 23 个。一般的直径 10 厘米，深 20 厘米，但也有直径 0.55 米，深 1.1 米的。柱洞位置多在房屋居住面的四角附近，但有少数房屋除在居住面四角附近有柱洞之外，还在居住面紧靠半地穴周壁有许多柱洞。有的柱洞抹有草泥土，有的柱洞经过拍打，十分坚硬（图 3-4）。

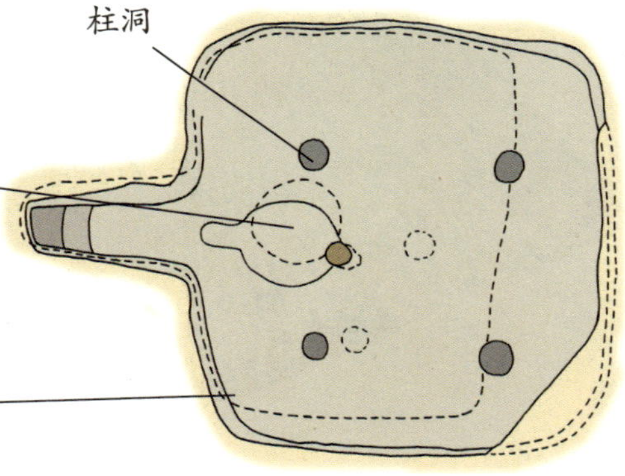

图 3-4　北首岭遗址房址俯瞰图

2. 分类

北首岭房址分为 3 种形式。

第一种为方形。面积为 34.2 ～ 88.26 平方米，居住面的一角有 1 个方形或长方形的土台，灶坑为桃形，大而深，半地穴的四壁垂直，居住面上有 4 个柱洞，分别位于房屋四角与灶坑之间。这种房址只发现 3 座（图 3-5）。

图 3-5　北首岭遗址第一种房屋复原图

位于Ⅱ区的 77F3 房址就是这种房屋的典型代表。坑口距地表 1.3 米，被发现于第三层。门向东，方向 82°，为正方形的半地穴式，长、宽均为 9.4 米，面积为 88.26 平方米，是北首岭房屋遗址中最大的一座。房屋四壁基本上与居住面垂直，残高 0.71 米，墙上先涂 1 层料姜石浆，然后又抹上 1 层草泥土。房内居住面上先抹 1 层厚 1 厘米的草泥土，局部地方在草泥土之上又涂有 1 层料姜石浆，使地面平整坚硬（图 3-6）。

这种房屋也许是北首岭聚落氏族首领和儿童所居住的地方，或是氏族议事、祭祀、庆典、集聚的中心（图 3-7）。

第二种为方形或长方形。面积一般在 8.7 ～ 34.2 平方米，居住面四角附近，各有1个柱洞，柱洞直径为0.5 ~ 0.6米，深度超过了1米。柱洞的内壁经过了拍打，比较结实。

在居住面的东北角，有1个高0.13米，长2.6米，宽1.5米的小平台，台面平坦，略微凹陷，面上涂有1层草拌泥。

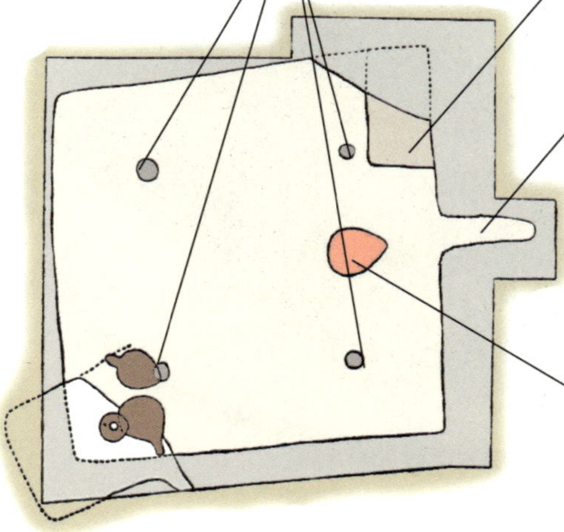

门道开在东墙的正中，长2.5米，宽0.7米，以窄长的斜坡状凸出于屋外。由于长期踩踏，门道底部形成了1层很硬的路土。

灶坑为桃形灶坑，坑口东西长1.42米，南北宽1.2米，底部东西长0.92米，南北宽0.59米，深0.8米。

这是Ⅱ区的房址，面积为88.26平方米，是北首岭房屋遗址中最大的一座。

图 3-6　北首岭遗址 77F3 示意图

图 3-7　北首岭聚落议事

灶坑为瓢形。柱洞设置状况有 2 种情形：一种是在居住面上有 2 ～ 4 个柱洞。有此情况的房子最普遍，这种房址共发现 20 座；另一种是除了在居住面上有 1 ～ 8 个柱洞之外，还在居住面紧靠半地穴周壁处有间隔地设有 2 ～ 22 个柱洞，这种房址共发现 4 座（图 3-8）。

位于Ⅰ区的 F27 房址就是这种房屋的典型代表。坑口距地表 0.32 米，为长方形圆角的半地穴式，东西长 4.2 米，南北宽 2.9 米，面积 12.18 平方米。墙与居住面垂直，高 0.25 ～ 0.3 米。墙上抹有 1 层料姜石浆，外面又抹有 1 层草泥土，发现时墙皮大部分已经脱落。居住面比较平整，上面涂有 1 层料姜石浆。清理时，在料姜石面上还发现有 1 层黑色的形状像树叶的腐朽痕迹，可能是当时坐卧防潮用的（图 3-9）。

图 3-8　北首岭遗址第二种房屋复原图

灶坑为椭圆形，开在房屋南部正中，南北长 1 米，东西宽 0.9 米，深 0.22 米，灶口微敞，略高于居住面，灶底平。灶

图 3-9　北首岭遗址 F27

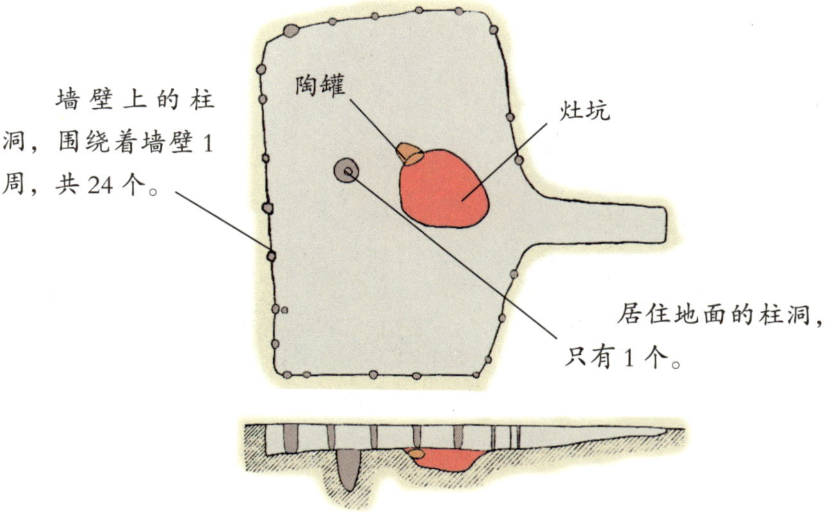

图 3-10　北首岭遗址 F27 平面、剖面图

的东北角上埋有侧置的 1 个粗砂陶罐，口部对着门道。灶坑周壁经火烧烤，非常坚硬。

柱洞共发现 22 个：居住面上 2 个，东壁 5 个，西壁 5 个，南壁 6 个，北壁 4 个。由于北壁已有部分遭到破坏，猜测原有柱洞数量应该在 4 个以上。居住面上有 1 个柱洞位于灶坑的北边，形制较大，口径 0.3 米，深 0.45 米，周壁用细黄土拍打坚硬，呈圆锥状；另一个柱洞较小，口径 0.1 ～ 0.15 米，深 0.2 ～ 0.3 米。墙上各柱洞的距离为 0.2 ～ 1 米，一般距离为 0.4 米左右。每个柱洞都是一半在居住面上，一半在墙上。门道开在南壁正中，长 1.66 米，宽 0.42 米，底部为斜坡形。门道两壁及地面均抹有草泥土（图 3-10）。

第三种为圆形。面积很小，仅发现 1 座（图 3-11）。

图 3-11 北首岭遗址第三种房屋复原图

位于Ⅴ区的F36房址就是这种房屋的典型代表。坑口距地表0.8米，为圆形的半地穴式，口径3.8米，面积约11平方米。口部大于底部，底部平。墙壁最高处为0.6米，墙上涂有8厘米厚的草泥土，表面光滑整齐，未经炕烧。墙壁由下而上向外倾斜，斜度是20°。居住面很平坦，抹有2层草泥土，第一层厚10～12厘米，第二层厚8厘米（图3-12）。

灶坑开在房屋的西北，为椭圆形，长1.03米，宽 0.8米，深0.22米，灶尾埋有1个斜置的粗砂陶罐。灶坑周壁经火烧烤，

图3-12　北首岭遗址F36

十分坚硬。

柱洞有2个，位在房址的中部，相距0.75米。柱洞为圆锥形，口径0.22～0.24米，深0.45米，周壁经拍打，很坚硬。

门道为长条形，凸出于屋外，长1.7米，宽0.3～0.5米。门道两壁先抹1层料姜石浆，再抹1层草泥土。门道底部作斜坡形，经长期踩踏，表面有1层黑色路土。门外附近有一片范围不大的红烧土渣硬面（图3-13）。

3. 建筑技术

北首岭房屋虽然有大有小，几种房屋虽有一些细节上的差别，但建筑结构却基本一致，它们建造上的共同点还是很明显的。比如，房屋都是用半地穴作为屋墙，所有房屋的门道都是1个窄长的通道而且凸出屋外，灶坑都设在门道附近并且正对

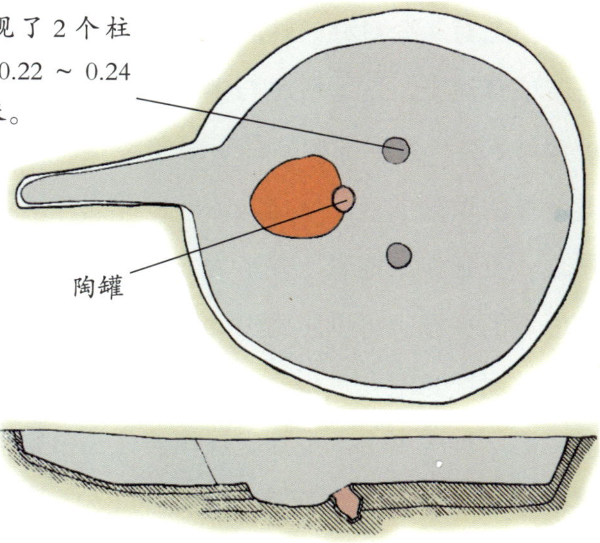

图3-13　北首岭遗址F36平面、剖面图

图 3-14　草拌泥土块

门道，墙及居住面大多经过人工处理，抹有料姜石浆或草拌泥（图 3-14）。

第一种房屋与第二种大多数房屋的大小和设置方面有些差别，但建筑结构方面则大致相同。它们多数为近方形的半地穴，居住面上有 4 个对称的柱洞，半地穴的口部周围地面抹有料姜石浆或草泥土，这些情况与半坡遗址的 F21 很相似。复原的半坡遗址 F21，其顶部构架是于对角架设 4 根椽，顶部相交构成其他椽的顶部支点。半地穴的四壁即为屋墙，高不超过 1 米。屋顶一直延伸到地表，外形为方锥体状，伸出于屋外的门道有两面坡的搭棚，可以防雨。北首岭第一、二种形式房屋的情况与半坡遗址 F21 大致相同。

第二种房屋中，少数房屋在居住面紧靠半地穴周壁设有密集的柱洞的情况，与庙底沟遗址的 F301 基本相同。居住面上柱洞的口径较大，其柱子当用以支撑屋顶，其上可能搭有横梁。

紧靠半地穴四壁的柱洞较小，柱子除支撑屋顶外，还可作地上墙壁的骨架。这种房屋的屋顶应是四面坡状，墙壁一半在地穴，一半在地面，门道两侧有两面坡的搭棚。这种房屋有了地面上的墙壁，这是建筑技术上的一个进步。

第三种房屋呈圆形，面积很小，结构简单，居住面上只有2个柱洞，可能是一种圆锥形窝棚式的房屋。

以圆房子建造过程为例，可以大体了解半地穴式房屋建筑（图3-15）。

当时的建筑材料除了木椽、草和料姜石以外，还有木板和苇子，有的红烧土块里有几根苇子捆绑一起的情况。有的柱子上涂有草拌泥，所以有的红烧土块一面平一面呈凹弧状；有的在木板上涂草拌泥，所以烧土面比较平坦。

值得一提的是，在发掘北首岭建筑遗址时，专家们发现北首岭先民有在屋顶上开设烟囱的痕迹，并且在房屋的某些地方进行了装饰。从北首岭遗址发现的红烧土块的位置和形状来看，当时房屋在开门道的一面屋顶上开设有烟囱。当时的顶囱可能就在房顶的草拌泥上扎以小孔做成，囱顶设檐以防水（图3-16）。

当时的墙壁、门楣上已有一些装饰，出现平行斜线、曲折纹之类的纹饰（图3-17、图3-18）。

三、灰坑

在考古学业界有个约定俗成的看法，认为所有凹陷的坑状

挖出半地穴房屋地面

在房屋中打上支柱

在房屋四周打上支柱

用草拌泥或料姜石浆涂抹

烧烤烘干地面

图 3-15　北首岭遗址圆房子建造过程

图 3-16　带孔的红烧土块

图 3-17　有平行斜线的墙壁残片

图 3-18　有纹饰的草拌泥残片

遗迹都可以被称为“灰坑”，这也是一个中国特色的考古名词。灰坑有可能是垃圾坑、储物坑或者祭祀坑等，它的包含物很丰富，包含了当时人们有意或无意留下来的各种物品，是探寻先民遗迹不可忽视的一部分。

1. 概况

北首岭遗址共发现仰韶灰坑 75 个，遍布于各区：Ⅰ区有 17 个，Ⅱ区有 23 个，Ⅲ区有 10 个，Ⅳ区有 10 个，Ⅴ区有 5 个，Ⅵ区有 10 个。各区均有一部分灰坑存在互相打破关系。

灰坑的分期同灰坑开口的地层是一致的。坑口开在早期地层的灰坑属于早期灰坑，坑口开在中期地层的灰坑属于中期灰坑，坑口开在晚期地层的灰坑属于晚期灰坑。坑口开在早期地层的灰坑有 35 个，坑口开在中期地层的灰坑有 25 个，坑口开在晚期地层的灰坑有 15 个。

2. 分类

北首岭遗址的灰坑有袋形、直筒形、锅底形、方形、长方形、椭圆形、不规则形等多种形状。

灰坑大小不一，口径为 0.5 ～ 3.4 米，深为 0.45 ～ 2.5 米，多数灰坑的口径为 1 ～ 2 米，深为 1 ～ 1.5 米。

灰坑填土多为灰土，一般土质松软，包含有较多的木炭末、红烧土碎块、灰烬等，出土遗物也比较多。个别早期灰坑填土比较硬实，出土遗物较少。

袋形灰坑最多，共 51 个，占灰坑的 68%，是北首岭遗址灰坑的普遍形式。此类灰坑的共同点是口小底大，底平。但各灰坑的口、底、腹部却常有变化：有的口部垂直，作直筒形；有的腹部外鼓，有如罐形；43% 的袋形灰坑底部有 1 ～ 3 级台阶。第一级台阶很大，占坑底的三分之一甚至一半，第二和第三级台阶又占剩余坑底的三分之一或一半，形成旋转状的几个台阶。台阶边缘有的为直线形，有的为弧线形。所有袋状灰坑的周壁都修整光滑，个别的周壁及底部还抹有 1 层草泥土。

位于Ⅰ区的 H9 是袋形灰坑的典型代表。H9 坑口距地表 1.7 米。口小底大，底部平，周壁修整平齐。口径 0.8 米，底径 1.2 米，深 0.8 米。填土为灰色，较结实，在坑上部发现有1层河卵石。灰坑出土有石块、兽骨、红烧土块等（图3-19）。

同样位于Ⅰ区的H12也是袋形灰坑的典型代表。H12坑口距地表1.2米。口小底大，口径1米，底径1.3米，深1.4米。底平，有2级台阶。第一级台阶为熟土，距坑口0.6米；第二级台阶为生土，距坑口1米。从第一级台阶经第二级台阶到坑底，旋转而下。坑壁修整得十分整齐光滑。填土为黄褐色，松软，近底部有白色颗粒，触之即碎成粉末，可能是谷类的朽腐痕迹（图3-20）。

直筒形灰坑很少，只有1个。口部均为圆形，壁直，底平。

锅底形灰坑有5个，大口小底，底部为锅状。

位于Ⅳ区的77H10是锅底形灰坑的典型代表。77H10坑口

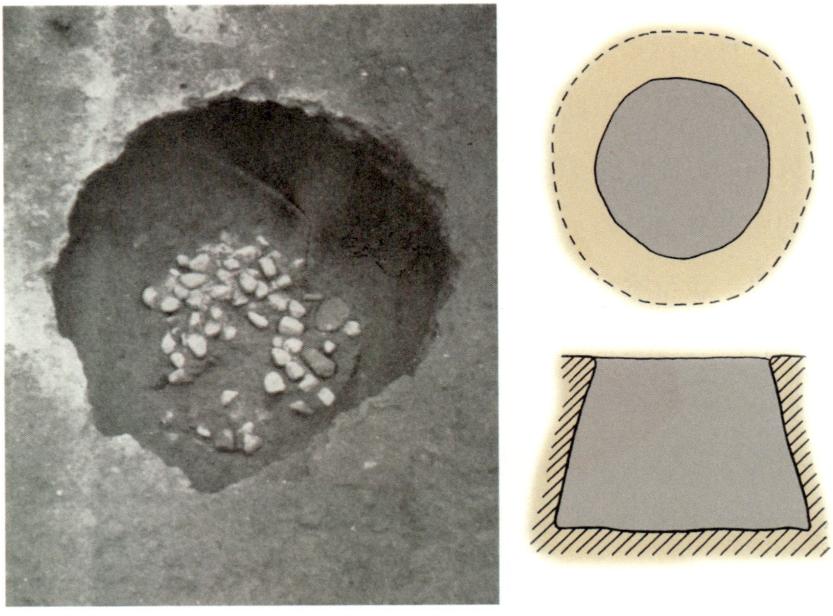

图3-19　北首岭遗址H9发掘现场及平面、剖面图

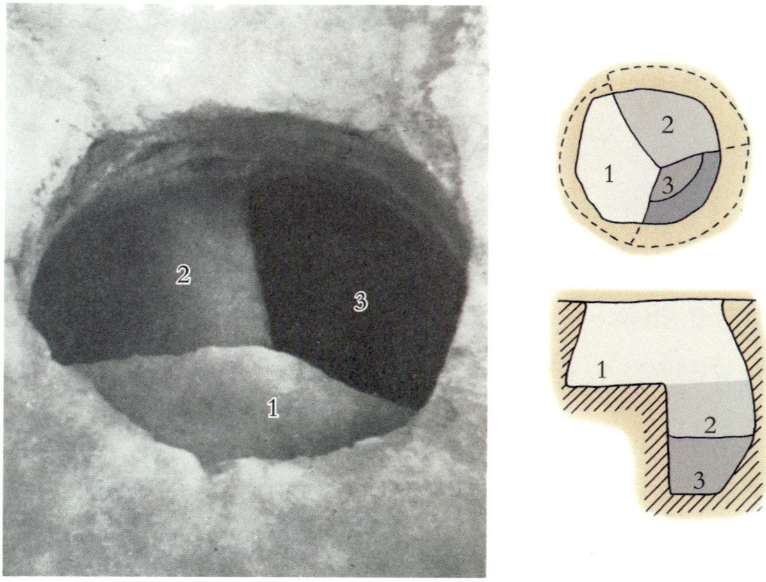

图 3-20　北首岭遗址 H12 发掘现场及平面、剖面图

距地表 4 米。口大底凹似锅状，周壁不太平整。口径 1.8 米，深 0.45 米。填土很虚松，有数量较多的陶三足罐残片。

方形灰坑有 3 个，长、宽分别为 0.7 ～ 0.8 米，深 0.75 ～ 1.4 米。一般口小底大，有的口方底方；有的口方底圆；有的口部不很规则，底部则是很规则的正方圆角形。此种形式灰坑的周壁也修整得比较平整。

长方形灰坑有 3 个，长、宽分别为 0.7 ～ 1.35 米，深 0.35 ～ 0.9 米。

位于Ⅰ区的 H15 是长方形灰坑的典型代表。H15 坑口距地表 0.95 米。东西长 0.85 米，南北宽 0.7 米，深 0.4 米。坑壁比较直，口底大小相同，周壁不太整齐。填土为灰褐色，较坚实，出土陶片较少。

椭圆形灰坑有 8 个，平面为椭圆形，多数周壁较直，底平或微凹；个别的口大底小，底平。椭圆形灰坑一般形制较小，长 1.2 米，宽 0.8 米，深 1 米。周壁不加修整或修整得很粗糙。

位于Ⅰ区的 H20 是椭圆形灰坑的典型代表。H20 坑口距地表 0.56 米。口大底小，平底。口南北长 1.24 米，东西宽 1 米；底南北长 0.78 米，东西宽 0.7 米，深 1 米。坑壁斜直，不太整齐。填土为灰褐色，出土物有陶罐、口沿带黑彩的陶钵碎片、兽骨碎块等。

不规则灰坑有 4 个，有的平面近似圆形，有的平面近似圆形。坑壁一般垂直，底部也不很平坦，有的形制大，有的形制小。

位于Ⅳ区的 77H1 是不规则形灰坑的典型代表。77H1 坑口距地表 4.4 米。坑口平而近长圆形，弯曲不规则。坑口小于底，周壁不整齐。坑口长 3.4 米，宽 2.4 米，深 0.8 米。填土为灰色，较硬实，夹杂有许多生土块。出土物有三足罐、深腹碗等陶器残片。

四、陶窑、水沟、路土

1. 陶窑

陶窑是先民们烧制陶器的地方，在北首岭遗址一共发现了 4 座陶窑（图 3-21）。北首岭遗址共发现了 4 座陶窑：Ⅱ区有 2 座，Ⅴ区有 1 座，Ⅵ区有 1 座。遗憾的是，这些陶窑的保存情况都不是太好，有的甚至很难看出原貌。

Y3 保存较好，位于Ⅱ区，窑口距地表 1 米，窑口朝向东

图 3-21 北首岭遗址陶窑复原图

南方向，年代属于中期（图 3-22）。窑的平面为葫芦形，由火口、火膛、火道和窑室 4 部分组成。全长 2.6 米，宽 1.4 米。窑室为圆形，周壁大部分已被破坏，仅残存 0.5 米左右的一段，残高 0.2 ～ 0.4 米，上部略向室内倾斜。窑室底部是 1 个土台子，直径约 1 米，四周挖有 1 道环带形火道。火道宽 0.2 米，深 0.1 ～ 0.5 米，底部呈斜坡状，越往窑室后部越高。火膛开在窑室的南面，是一个口大底小的椭圆形土坑，口部长 1 米，宽 0.6 米，深 0.9 米，底部略为圆形，底径 0.4 米。火膛与火道相连处即为火口。火焰分成 2 股进入窑室。整个窑的周壁及底均先抹 1 层料姜石浆后，再抹 1 层草泥土，经火焰烧灼，非

图 3-22　北首岭遗址 Y3

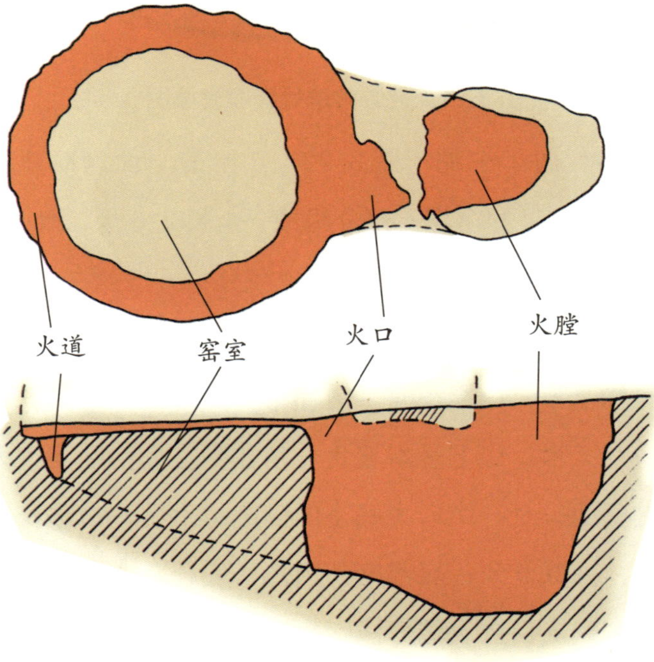

图 3-23　北首岭遗址 Y3 平面、剖面图

常坚硬，呈红及青灰色。在窑的周围，发现有 1 层厚约 0.2 米的料姜石硬面，面上有 1 层路土，是为烧制陶器时来回走动而铺设的（图 3-23）。

78Y1 保存较好，位于Ⅱ区，窑口距地表 3.35 米，窑口朝向西南方向，年代属于早期。窑室为圆形，口径 1.04 米，高 0.32 米，壁直，上部微曲。顶部已被破坏。窑室底部向下挖有 2 条火道，一条距窑壁 4 ～ 10 厘米，顺着窑壁开挖，呈环带状，宽 4 ～ 20 厘米，深 22 厘米；一条开在窑底的正中，直线形，宽 10 厘米，深 22 厘米，与圆形火道相通。窑室与火膛相连处即为火口，火口略作圆形，直径约 20 厘米。火膛上部已全被破坏，仅底部有些残存，从残存部分推测，火膛可能是长方形，底部略高于火道底部。窑室内的填土中有较多陶器，有深腹碗、三足罐等，有的三足罐已被烧得变形并呈浅蓝色。

2. 水沟

在北首岭遗址共发现了 2 道水沟。据专家分析，这 2 道水沟都是在中期偏早的时候建造的。

第一道水沟位于Ⅵ区，沟口距地表 2.1 米，水沟口部宽 0.5 ～ 0.7 米，深 0.6 米，只清理了长约 10 米的一段。水沟平面为“S”形，从东北斜向西南。沟底小于沟口，沟壁略斜，修整平齐，沟底堆积有淤土（图 3-24）。

第二道水沟位于Ⅱ区，沟口距地表 2.4 米，水沟口部宽 0.7 米，深 0.5 米，只清理出长约 5 米的一段。水沟平面为直线形，从西北斜向东南。沟底小于沟口，沟壁略斜，修整平齐，沟内填有土灰，出土物有中期的罐、钵、盆等陶器残片（图3-25）。

图 3-24　北首岭遗址第一道水沟

图 3-25　北首岭遗址第二道水沟

3. 路土

通过发掘和钻探，在第Ⅲ区普遍发现有仰韶时期的 4 层路土，其范围南北长 100 米，东西宽 60 米。

这些遗迹是北首岭先民们在此生活多年而留下的（图 3-26）。

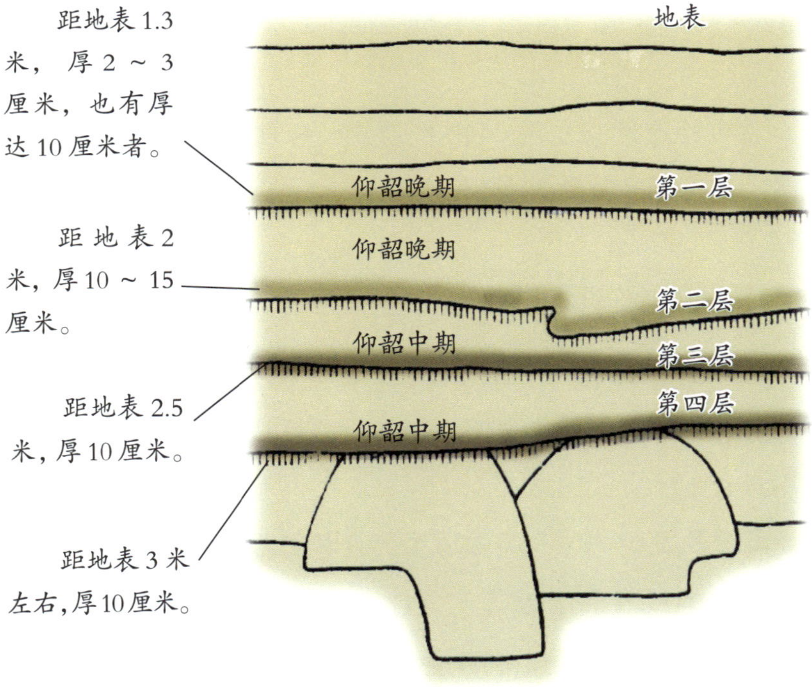

图 3-26 北首岭遗址 T163 的路土地层

第四章　北首岭遗珍

北首岭遗址共发现3443件遗物，分属于生活用具、生产工具、装饰品及其他等类别。

一、陶器

陶器是人类第一次改变了一种自然物质而创造出的一种新物品，是史前时期最重要的发明之一，在科技史和人类文化史上均具有十分重要的意义。

陶器的发明，与人类知道用火有着密不可分的关系，被火焙烧的土地或者黏土因落入火堆而变得坚硬定型，启发了原始先民有意识地用泥土制作他们需要的器物。北首岭先民在五六千年前已经掌握了陶器制作技术，他们创造制作了千姿百态的器物，器物形式多样、制作精巧。

1. 概况

在北首岭遗址中共出土了陶制器皿900余件，房址及地层出土的完整陶器及可复原陶器 166 件，陶片 10 万多片。

陶器质料以细泥红陶和粗砂红陶为主。各种陶质的比例情况是：细泥红陶占 57.5%，粗砂红陶占 32.8%，粗砂红褐陶占 3.7%，细泥灰陶占 3.5%，细泥黑陶占 1%，粗砂灰陶占 0.9%，细砂红陶占 0.6%。

细泥红陶多用以制作钵、碗、盆、瓶、壶、盂、器座、器盖等器物，粗砂红陶多用以制作罐、瓮、甑等。

陶器颜色一般比较纯正，少数有呈色不纯的情况，例如三足罐及部分陶碗，往往红里有灰或黑色，又如有的三足罐陶胎以红为主，而局部呈灰褐色等。

制法以手制为主，有手捏和泥条盘筑法 2 种。泥条盘筑法是制作陶器的一种原始方法，制作时先把泥料搓成长条，然后按照陶器器型的要求从下向上盘筑成型，再用手或者简单的工具将里外抹平，用这种方法制成的陶器，内壁往往留有泥条盘筑的痕迹。少数器物的局部经过轮修，如罐、钵的上半部等。个别器物用 2 种甚至 2 种以上制法做成。如有的陶瓶上半部用泥条盘筑法制做，下半部则用模制，最后再黏接起来（图 4-1）。

2. 分类

北首岭遗址所出土的陶制器皿，有在房址中发现的，也有在墓葬中出土的。居址地层出土的陶器绝大多数均为实用品，只有很少的一部分器形甚小，制作简单，可能是玩具或祭祀用品。墓葬中出土的陶器有一小部分器物在房址中没有出现过，即或有，器形也很小，且陶质粗糙，应当是明器，形式与房址的相同。有的陶罐下半部敷有1层泥，有明显的火灼痕迹，应该是使用过的陶器。

北首岭遗址所出土的陶器的种类有鼎、碗、钵、罐、盂、尖底器、瓶、壶、盆、杯、瓮、釜、甑、盘、器盖、器座等，每种器皿又有多种式样。

（1）鼎

在北首岭遗址房址中发现了2件鼎，都是细砂红陶。直口，短颈，圆腹，平底，腹上部有1个筒形把手，腹底部有3条略向外撇的柱状足。墓葬中的鼎共发现了10件，仅见于早期墓中，陶胎薄，大多数形制很小，是早期墓随葬的主要陶器之一。绝大多数鼎是细砂红陶制成的，颜色较暗（图4-2至图4-4）。

图4-1　北首岭人制作陶器

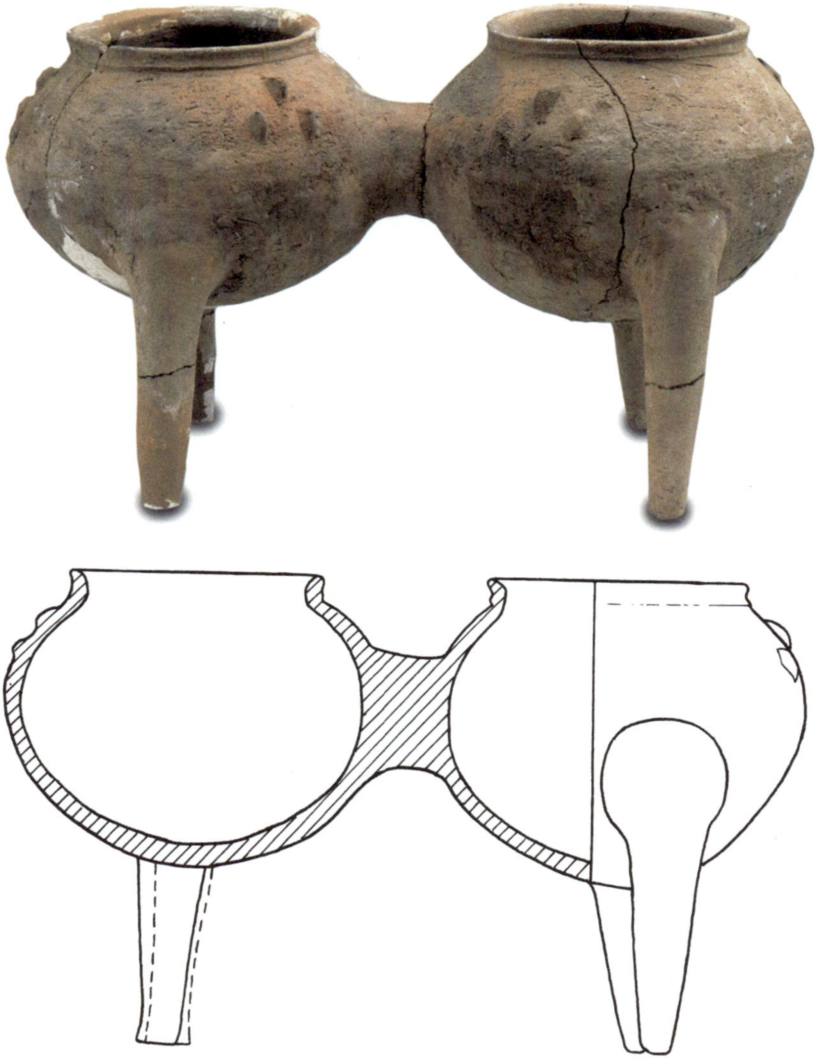

双连鼎，明器，高 18 厘米，通宽 31.2 厘米，厚 0.5 厘米，细砂黄陶制成。上身由两个相连的小口圆底罐组成，每个罐下均有两条圆柱状长足。素面，腹上部有 3 个一组的附加小泥钉。

图 4-2　北首岭遗址双连鼎

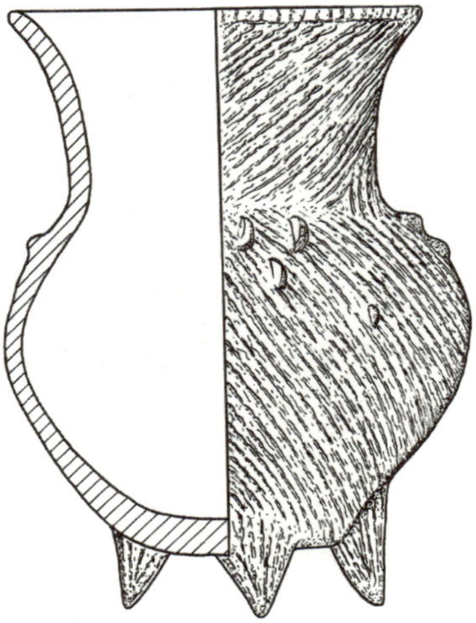

三足鼎，明器，高1.3厘米，口径9.4厘米，通体细绳纹，腹上部有1周“品”字形三个一组的小泥钉。

图4-3　北首岭遗址三足鼎

戳刺纹鼎，高11.5厘米，口径7.6厘米，腹径9厘米，足高3厘米，把长4.3厘米。

图4-4　北首岭遗址戳刺纹鼎

（2）碗

北首岭遗址出土的碗，大多用细泥红陶制成，少数为细泥灰陶或细泥黑陶。房址中发现了 42 件；墓葬中的碗相对房址中的体型较小，共发现了 79 件（图 4-5 至图 4-8）。

这种器型的碗数量较多，形状不是很规整。此碗高 3.7 厘米，口径 9 厘米，底径 3.6 厘米，器身饰有排成三角形的指甲纹。

图 4-5　北首岭遗址陶碗

这种碗器形小而不甚规整，用手捏制而成，泥质红陶，素面。直口，直腹或接近直腹，平底，底径接近口径，器壁较厚。高 5.3 厘米，口径 10.7 厘米，底径 9.3 厘米，厚 0.6 厘米。

图 4-6　北首岭遗址陶碗

深腹圈足陶碗，明器，假圈足，素面。形式与居址所出相同，但尺寸很小。高 7.2 厘米，口径 10.7 厘米，厚 0.4 厘米。

图 4-7 北首岭遗址深腹圈足陶碗

深腹圈足陶碗，口径 19 厘米，腹径 14.2 厘米。

图 4-8 北首岭遗址深腹圈足陶碗

（3）钵

在北首岭遗址房址中发现了 30 件钵，大多数为细泥红陶，个别为细泥黑陶；在墓葬中发现了 239 件钵，均为细泥红陶，形制与房址所出基本相同，只有少数体型很小，可能是明器（图 4-9 至图 4-11）。

此钵是一明器，高 8.4 厘米，口径 21.2 厘米。口部附近有 1 道宽带黑彩，其上并有刻画符号“｜”，近底部有 4 个两两相对的刻画符号“∠”。

图 4-9　北首岭遗址陶钵

泥质红陶，高 7.8 厘米，口径 15.6 厘米，腹径 15.6 厘米。口沿外壁有黑色宽带。

图 4-10　北首岭遗址陶钵

泥质红陶，高 9 厘米，口径 14.4 厘米，腹径 15.6 厘米。腹上部饰有斜行条纹黑彩。

图 4-11　北首岭遗址陶钵

（4）罐

北首岭遗址出土的陶罐的种类很多，多为粗砂红陶，其次为细泥红陶，只有少量粗砂灰陶。在房址中发现了 43 件陶罐，在墓葬中发现了 281 件陶罐。房址和墓葬中的器型基本一样，样式有三足罐、圈足罐、小口罐、大口无唇罐、大口小平底罐、直腹小平底罐、圆腹小平底罐、圆腹平底罐、鼓腹小平底罐、深腹罐、敛口圆腹罐、筒形罐、折腹小平底罐、敞口坠腹罐等，形式多样（图 4-12 至图 4-14）。

（5）盂

盂是一种盛放液体的容器，多为细砂红陶。北首岭出土的陶盂虽然数量不多，但样式却相对比较丰富。在房址中发现了 9 件，在墓葬中发现了 18 件，墓葬中出现的样式较多（图 4-15、图 4-16）。

三足罐，直口，短领，深腹，小平底，器身作竖置的鹅蛋状，底部有 3 个横长扁矮的疙瘩状小足，陶胎较薄，通身饰细绳纹，口部附近多饰压划纹和附加堆纹。

图 4-12　北首岭遗址三足罐

折腹小平底罐。明器，敛口，平唇，折腹，小平底，素面磨光。高 12.5 厘米，口径 13.2 厘米，腹径 16.8 厘米，底径 4.6 厘米，腹下部向内弯曲。颈部有 4 个对称的小穿孔，可以系绳。

图 4-13　北首岭遗址折腹小平底罐

小口罐，素面抹光，细泥红陶。小侈口，束颈。圆腹，平底，腹中部两侧有桥状耳。高32厘米，口径6.4厘米，腹径31厘米，底径10厘米。

图4-14　北首岭遗址小口罐

波折纹圆腹平底陶盂，明器，器身上部施有波折纹黑彩。高12.5厘米，腹径18厘米。

图4-15　北首岭遗址波折纹圆腹平底陶盂

圆腹平底陶盂，高10厘米，腹径15厘米。敛口，圆腹，腹下坠，平底，素面抹光。

图 4-16　北首岭遗址圆腹平底陶盂

（6）尖底器

尖底器是中国新石器时代非常有特色的陶器之一，在北首岭遗址房址中发现了3件尖底器，在墓葬中发现了4件，均为细泥红陶（图4-17至图4-19）。

（7）瓶

在北首岭遗址房址中发现的陶瓶完整的不多，大多属于泥质红陶，少数为细砂红陶。在墓葬中发现了58件陶瓶，绝大部分为细泥红陶。形状基本上与各地仰韶遗址的尖底瓶相同，但底部平而不尖者居多，腹下部急剧收缩近尖，尾端削平，但底径很小（图4-20至图4-24）。

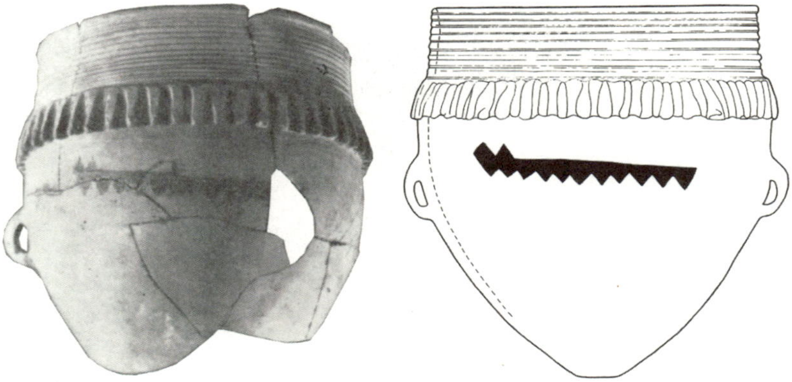

残缺的尖底器。残高33.8厘米，口径33厘米，腹径35厘米，厚0.7厘米。直口，深腹，底残。口下附近有弦纹，弦纹下有1周附加堆纹。腹部两侧有两道相对称的锯齿纹黑彩。

图4-17　北首岭遗址尖底器及复原图

明器，直口，直腹，器身的下半部急剧收缩，几近尖状，但尾端削平。高16.5厘米，口径13.9厘米，底径3厘米，厚1厘米。

口部以下饰有4道弦纹，弦纹以下紧接着又有1圈鹰嘴状附加堆饰，器身中部有双耳。耳各有一小孔，器身下半部素面磨光，上面绘有黑彩符号。

图4-18　北首岭遗址尖底器

明器，高 49 厘米，口径 22.5 厘米，腹径 27 厘米，底径 6.5 厘米。口微敞，唇厚，腹斜直，腹最大径在器身下半部，腹以下急剧收缩近尖，但尾端削平，底径很小。腹部施有波折纹黑彩。

图 4-19　北首岭遗址尖底器

直口鼓腹双耳瓶，高 37.5 厘米，腹径 34 厘米。细泥红陶，直口，近似杯状，唇边微内弯，短颈，鼓腹，腹部最大径在器身中部，腹部有对称的双耳。

图 4-20　北首岭遗址直口鼓腹双耳瓶

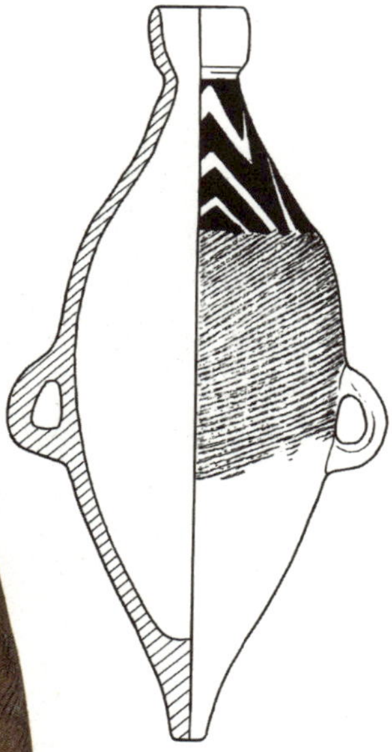

小口尖底瓶，明器，高48厘米、口径5.7厘米，腹径17.1厘米，底部比较尖长，腹饰斜绳纹，颈部有波折纹黑彩。

图 4-21　北首岭遗址小口尖底瓶及剖面图

细长颈折腹小平底陶瓶，高 31 厘米，腹径 15 厘米。

图 4-22　北首岭遗址细长颈折腹小平底陶瓶

口部做葫芦形，腹壁作流线型，底呈尖锥状，腹侧有双耳。颈部有戳刺纹，腹部饰斜绳纹。高 83 厘米，口径 6.7 厘米，腹径 26.7 厘米。

图 4-23　北首岭遗址陶瓶及剖面图

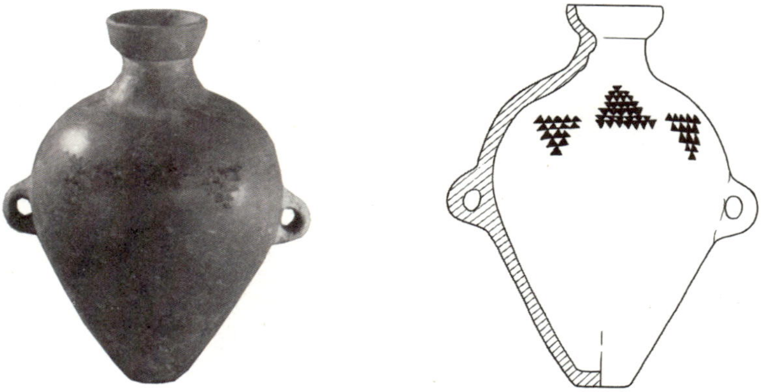

高 26.7 厘米，口径 6.5 厘米，腹径 17.4 厘米，底径 4.4 厘米。腹饰小三角砌成大三角的松塔状黑彩。

图 4-24　北首岭遗址陶瓶及剖面图

（8）壶

在北首岭遗址房址中只发现了 1 件壶，而在墓葬中发现了 91 件壶。这些壶绝大多数为细泥红陶，形式很多，造型优美（图 4-25 至图 4-34）。

房址出土的壶，泥质红陶，高 15.5 厘米，口径 4.6 厘米，腹径 11 厘米，底径 5.5 厘米。口微敞，短颈，折腹，平底。

图 4-25　北首岭遗址陶壶

高 13.5 厘米，口径 4.3 厘米，腹径 11.7 厘米，底径 6.3 厘米。素面，腹中部有 1 道稍微向上翘起的凸棱。

图 4-26　北首岭遗址陶壶

壶身一周遍布戳刺纹。

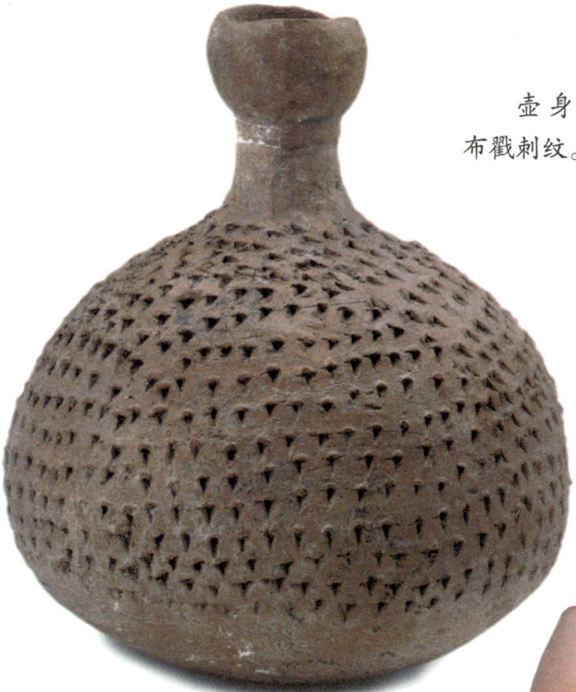

图 4-27　北首岭遗址戳刺纹陶壶

图 4-28　北首岭遗址葫芦形红陶壶

陶壶，高 17.4 厘米，口径 1.4 厘米，腹径 15 厘米，底径 4.3 厘米。素面抹光，在颈肩交界处有 1 圈指甲纹。

图 4-29　北首岭遗址陶壶

算珠口圆腹小平底陶壶，高 20.5 厘米，腹径 15 厘米。

图 4-30　北首岭遗址陶壶

明器，口部葫芦形，腹下坠，最大径近底部，平底，整个器形像个葫芦。

图 4-31　北首岭遗址陶壶

几何纹折腹小平底陶壶，高 16 厘米，腹径 11.5 厘米。

图 4-32　北首岭遗址陶壶

颈部较大，作花苞状，内壁弯曲，颈腹相连不分，折腹，平底。明器，高35 厘米，腹径 19.7 厘米。

图 4-33　北首岭遗址陶壶

船形壶，高 24.5 厘米，口径 5.5 厘米，宽 31.6 厘米，素面，腹部的一端尖得像橄榄，另一端尖得像锥子。

图 4-34　北首岭遗址陶壶及剖面图

（9）盆

在北首岭遗址房址中发现了 15 件盆，大多为泥质红陶，少数为粗砂红陶，个别为细泥黑陶。在墓葬中发现了 13 件盆，均为细泥红陶。陶盆的样式比较多，不过有一些已经只剩下残片了（图 4-35 至图 4-39）。

黑彩鱼纹盆，此是葬具，高 15.8 厘米，口径 36.4 厘米，唇宽 2.8 厘米，器外素面，器内磨光。

图 4-35　北首岭遗址陶盆

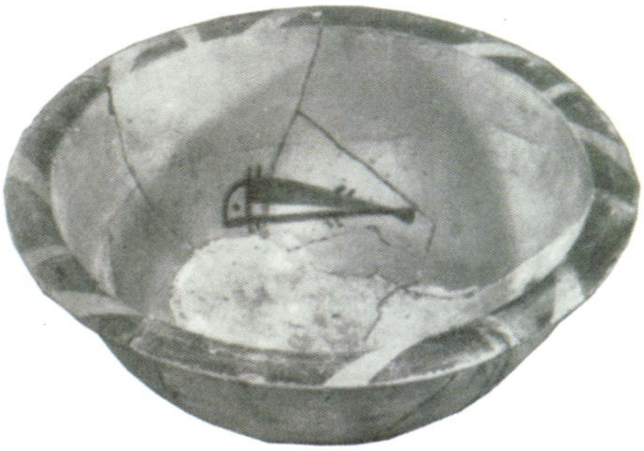

唇上施黑彩，用彩色空间表示出斜道纹样，器内壁绘有3条黑彩鱼纹，画法简单。

图 4-36　北首岭遗址陶盆

直口陶盆，窄平唇，直腹，平底，器身矮，素面，高 4 厘米，口径 17 厘米。

图 4-37　北首岭遗址陶盆

敞口陶盆，腹斜直或向内弯曲，状似现代花盆。泥质红陶，高 18.1 厘米，口径 29.4 厘米，底径 18.5 厘米，素面抹光。

图 4-38　北首岭遗址陶盆

双鱼纹陶盆，大口，窄唇，折腹，圆底。口稍敛，腹径略大于口径。细泥红陶，高 14.8 厘米，腹径 32 厘米，腹饰黑彩鱼纹。

图 4-39　北首岭遗址陶盆

（10）瓮

瓮主要被用来储存水或者食物。北首岭遗址房址中瓮的残片非常多，但可以复原的只有 2 件。墓葬中为素面瓮，共发现了 23 件（图 4-40 至图 4-42）。

此瓮为葬具，粗砂红陶。敛口，圆唇，耸肩，圆腹，平底，器身饰斜绳纹，高 33.8 厘米，口径 32.5 厘米，腹径 38 厘米，底径 11 厘米，厚 1 厘米。

图 4-40　北首岭遗址陶瓮

此瓮为葬具，粗砂红陶，直口，薄唇，耸肩，圆腹，平底，高 58 厘米，口径 27.8 厘米，腹径 46.2 厘米，底径 16 厘米，厚 1 厘米。器身中部腹侧有双耳，通身饰斜绳纹。

图 4-41　北首岭遗址陶瓮

粗砂红陶，高 46.5 厘米，口径 32.2 厘米，唇宽 2.2 厘米，底径 16 厘米。直口，平唇，近直腹，平底，腹饰斜行粗绳纹，并有 2 道附加堆纹。

图 4-42　北首岭遗址陶瓮及剖面图

（11）釜

在北首岭遗址墓葬中出土了1件釜，为细泥红陶（图4-43）。

高16.3厘米，口径18.5厘米，腹径27.7厘米，厚0.8厘米。敛口，圆唇，圆腹，圆底，素面。

图4-43　北首岭遗址陶釜

（12）器盖

器盖是用来盖住某些器物口的物件。北首岭遗址房址中发现了6件器盖，墓葬中发现了2件器盖。器盖为粗砂红陶和细泥红陶（图4-44、图4-45）。

居址中出土的器盖，粗砂红陶，状如覆钵。大口，平唇，顶部有空心把手，通高16.3厘米，口径31.4厘米，把手高4.4厘米。器身有4个鸟喙状钮，通身饰斜绳纹。

图4-44　北首岭遗址器盖

墓葬中的器盖，作半球形，顶部有空心把手，素面。细泥红陶，高14.2 厘米，口径 25.2 厘米，把高 4 厘米。

图 4-45　北首岭遗址器盖

（13）器座

器座是用来放置圆底陶器的。在北首岭遗址房址中发现了6 件器座，均为细泥红陶，在墓葬中没有发现（图 4-46 至图 4-48）。

此器座敞口，束腰。表面无纹饰。高 4 厘米，上口径 12.2 厘米，腰径 10 厘米，下口径 13.5 厘米。

图 4-46　北首岭遗址器座

此器座呈筒形，直口，直腹，底空，底边略向内勾，腹部有 4 个小圆孔。用泥条盘筑法制成。高 10.8 厘米，上口径 14 厘米，下口径 15.5 厘米。

图 4-47　北首岭遗址器座

器座的作用应该是放置尖底器或陶钵等器物的。

图 4-48　器座的作用

3. 纹饰

北首岭陶器的纹饰是多种多样的，有使用各种工具在器胎上压印或刻画出的绳纹、弦纹、附加堆纹、指甲纹、戳刺纹、划纹、压划纹、席纹、植物碎屑纹、镂孔等。还有用彩绘的方式装饰陶器，一般是直接在器胎上绘画纹样。少数彩陶是在器胎上先涂 1 层红彩，以白彩或灰白色彩为底，然后再画花纹。只有 1 件陶碗是陶器烧好后再绘画花纹的。

施彩的位置一般在钵、碗、器盖的口沿处，盆多施于唇沿和腹上部，个别施于内壁，盂、瓶、壶、罐多施于腹上部或肩部，尖底器几乎通身施彩。

（1）压印或刻画的纹饰

①绳纹

绳纹是数量最多的一种纹饰，有粗、细之分（图 4-49 至图 4-52）。

粗绳纹的纹道不仅宽，而且深，多见于罐、瓮、瓶等主要器型上。其排列方式多为斜行，有相当一部分为交错排列，很少有竖行的。粗绳纹多数只饰在器身上部，只有少数施遍全身。此外还有用绳子在器口上压印出“花边”的。

图 4-49　北首岭遗址陶器上的粗绳纹

细绳纹纹道不仅细，而且也比较浅，但是仍很清晰。细绳纹多施于三足罐、圈足罐、圈足碗等陶胎较薄的器形上，个别也见于罐上。其排列方式，除了斜行之外，还有竖行，交错排列者则较为少见。这种绳纹，往往饰遍全身。

图 4-50　北首岭遗址陶器上的细绳纹

交错排列的绳纹纹道较短，可能是用陶拍拍打出来的。

图 4-51　北首岭遗址陶器上交错排列的绳纹

斜行排列的绳纹纹道较长，可能是用滚压的办法产生出来的。

图 4-52　北首岭遗址陶器上斜行排列的绳纹

②弦纹

弦纹数量不及绳纹，但比较常见。多用于直腹小平底罐和尖底器的口部附近，也有施于器物唇沿上的（图 4-53、图 4-54）。

弦纹纹道首尾咬合一般都很准确，很少有首尾不相连接的。这种纹饰应当是借助轮盘旋出来的。

图 4-53　北首岭遗址陶器上的弦纹

弦纹和绳纹结合使用，即以绳纹为底，弦纹加于其上，在罐腹常可看到这种情况。

图 4-54　北首岭遗址陶器上弦纹和绳纹结合

③指甲纹

指甲纹多用于坠腹罐和鼎的装饰，一般纹深而弯，形状像指甲，往往排列得比较整齐（图 4-55、图 4-56）。

图 4-55　北首岭遗址陶器上的指甲纹

碗身饰有排成三角形的指甲纹。

图 4-56　北首岭遗址陶器上的指甲纹

④附加堆纹

附加堆纹是常见纹饰之一，纹样变化较多（图 4-57 至图 4-61）。

宽带状，用扁平的泥条附于器身而成，有时附加泥条上下有起伏，往往经过绳纹拍子拍打。这种纹饰多饰于瓮、罐等大型器物的颈、肩和腹部。

图 4-57　北首岭遗址陶器上的附加堆纹

附加在罐身上的小泥点，以三角形点阵布局围绕陶鼎 1 周。

图 4-58　北首岭遗址陶器上的附加堆纹

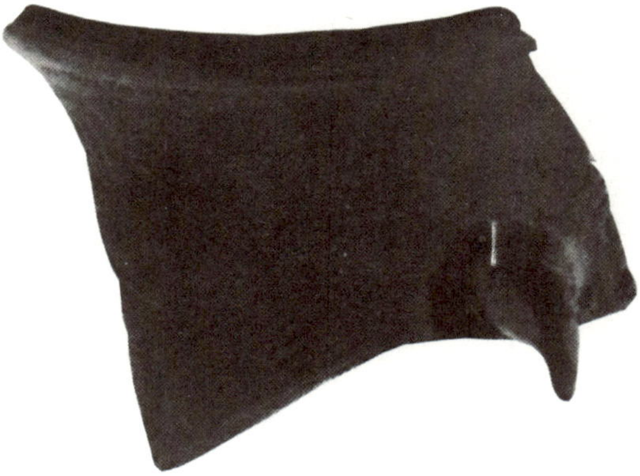

单个的鸟喙状，多用于尖底器，器盖及盂等器形上。

图 4-59　北首岭遗址陶器上的附加堆纹

连续的月牙状的附加堆纹，多见于三足罐的口部附近。

图 4-60　北首岭遗址陶器上的附加堆纹

连续的蚯蚓状附加堆纹。

图 4-61　北首岭遗址陶器上的附加堆纹

⑤戳刺纹

戳刺纹有如下几种：小点状，多见于碗的口部附近，排列成带状绕器物 1 周，也有成簇地饰于碗腹，个别的见于三足罐颈部；竖条状，多见于罐颈，排列整齐地绕器物 1 周；圆窝状，多施于罐颈或瓮肩，有一定间隔地绕器物 1 周，小三角或方形，戳刺较深，多施于鼎、罐、盂腹部，往往施遍全身（图 4-62、图 4-63）。

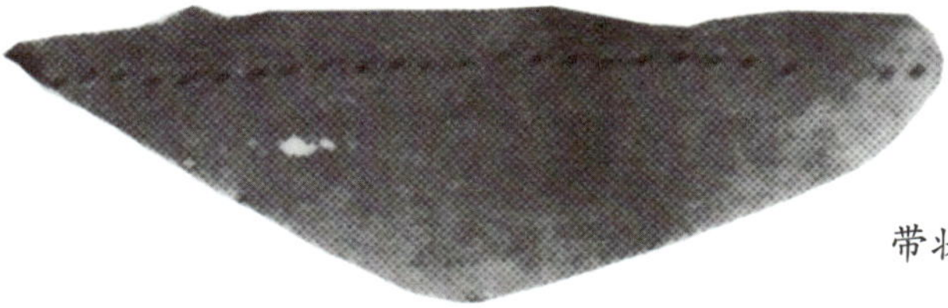

小点状，排列成带状绕器 1 周。

图 4-62　北首岭遗址陶器上的戳刺纹

小三角戳刺纹，遍布壶腹部。

图 4-63　北首岭遗址陶器上的戳刺纹

⑥划纹和压划纹

划纹的数量很少，多在钵底画 1 个圆圈，或在碗的假圈足边缘画一些短短的竖道。压划纹是用小木片压划而成的，纹道比划纹宽而平滑，形状有直线形和波浪形（图 4-64、图 4-65）。

图 4-64　北首岭遗址陶器上的划纹

图 4-65　北首岭遗址陶器上的压划纹

⑦席纹、布纹、植物碎屑纹

席纹是用将陶坯放在编织的席子上面压印出的花纹，在北首岭出土的陶器中比较少见，仅见于个别碗、钵的底部。布纹数量很少，只见于个别钵底。植物碎屑纹是制陶时有意垫压一些植物碎屑在器表上形成的，在钵、碗、盆的底部比较多见（图 4-66 至图 4-68）。

图 4-66　北首岭遗址陶器上的席纹

图 4-67　北首岭遗址陶器上的布纹

图 4-68　北首岭遗址陶器上的植物碎屑纹

（2）彩绘陶器纹样

普通陶器的纹样一般是刻画或者压印上去的，而彩陶的纹样是描画出来的。北首岭的彩陶纹样很丰富，一般可以分为写实类与图案类。

①写实花纹类

写实类花纹类有人面纹、鱼纹、鸟纹（图 4-69 至图 4-72）。

人面为圆形，紫彩，以窄道勾画出外廓。额部左半部填以实彩，右半部之下半部以实彩画出很宽的眼眉，上半部则留出弯月状空间。两眼以细长的横道表示，鼻子为拉长的三角形。口部残缺，从残部推测，口部应为横置的花瓣形。人面的旁边有一些弧形彩纹。残片长 21 厘米，宽 9 厘米。

图 4-69　北首岭遗址陶器上的人面纹

人面之顶上有2条长而直的线条，其上附有许多有间隔的短线条，2条长线条交叉成三角形，应该是表示头发。口部两边也有近似头发样的装饰，应当是表示胡须。人面的耳部有2条写实的鱼，象征耳朵。残片长15厘米，宽5厘米。

图4-70　北首岭遗址陶器上的人面纹

鱼纹装饰于陶盆的腹部，形状为两条首尾相近的鱼纹。鱼头的画法比较复杂，鱼眼似人眼，鱼鳃为新月形，用彩色空间表示出。残片长22厘米，宽8厘米。

图4-71　北首岭遗址陶器上的鱼纹

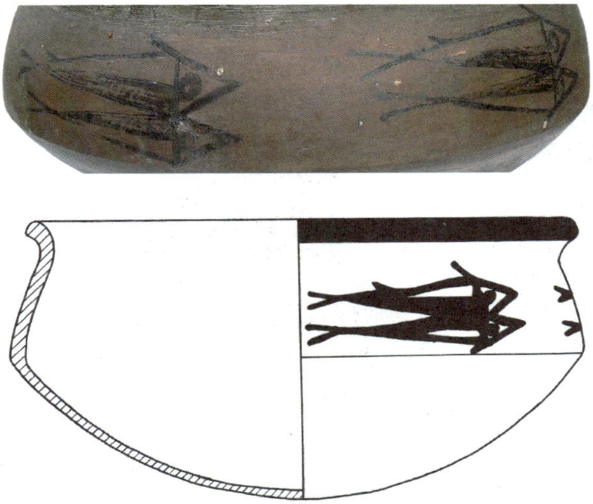

鱼纹装饰于盆腹，共分6组，每组由两条上下相连的鱼构成。鱼头以三角形表示，用小圆圈表示鱼眼，以短线表示鱼鳍和鱼尾，鱼身的一半填以实彩，用以表示鱼鳞。各组鱼的头向均向右，像是在相互追逐。

图4-72　北首岭遗址陶器上的鱼纹

②图案花纹类

图案花纹类有波折纹、三角纹、锯齿纹、平行纹、宽带纹、网状纹、对称的等腰三角或直角三角纹、树叶纹和钩叶纹、圆圈方格纹、圆点纹、弧形纹等（图4-73至图4-83）。

绘制于器物腹部的波折纹，上、下两道波折纹互相平行，绕器1周。波折纹之上、下两边，饰有连续成锯齿状的三角纹与之配合，使彩色空间也呈现波折纹。

图4-73　北首岭遗址陶器上的波折纹

三角纹一般是由几个三角形的彩块互相配合而成的。交错三角纹彩陶壶平视图及俯视图。

图 4-74　北首岭遗址陶器上的三角纹

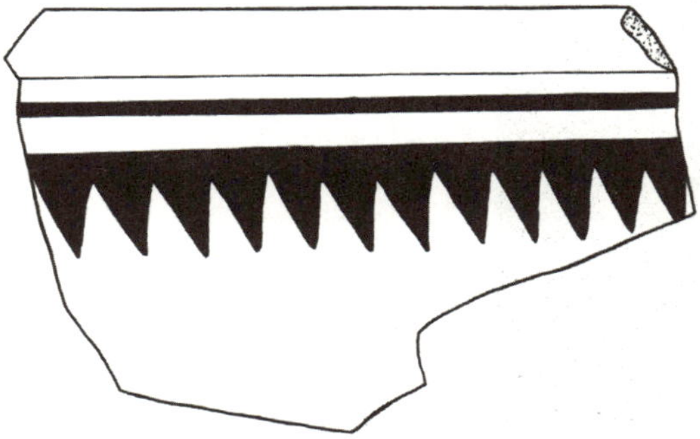

锯齿纹由连续成锯齿状的三角纹构成。装饰于钵沿上的锯齿纹，分为两行，竖行排列，角尖均向下。

图 4-75　北首岭遗址陶器上的锯齿纹

这组平行纹装饰于1个已经残损的陶罐的肩上，由窄条互相平行绕器1周构成。

图 4-76　北首岭遗址陶器上的平行纹

宽带纹很常见，一般都在钵、碗等的口部位置，由较宽的彩带绕器1周构成。颜色以黑色为主，但有少部分可以确认是红彩。

图 4-77　北首岭遗址陶器上的宽带纹

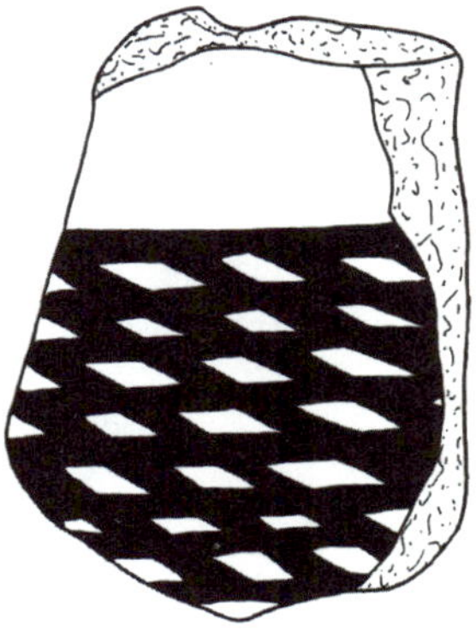

网状纹是由许多较窄的彩线条交错构成的，犹如网状。

图 4-78　北首岭遗址陶器上的网状纹

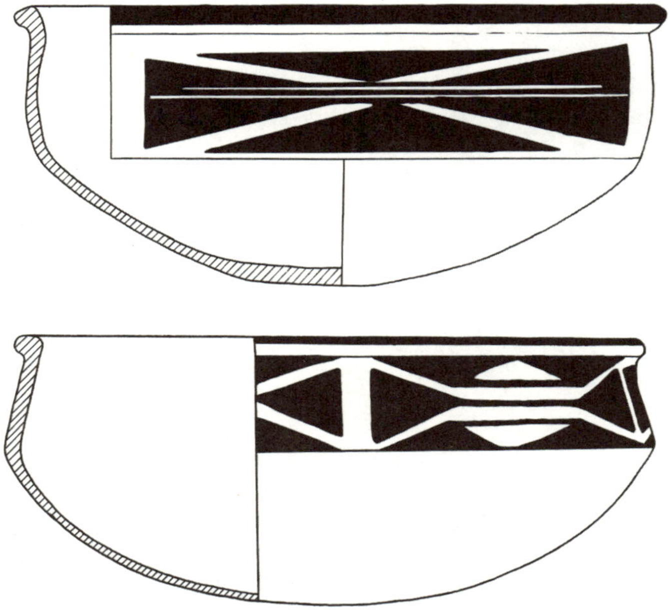

对称的等腰三角或直角三角纹是由几个上、下、左、右互相对称的等腰或直角的三角形构成的纹样。上、下相对的三角形往往扁长。这种纹饰多见于盆腹。

图 4-79　北首岭遗址陶器上的对称的等腰三角或直角三角纹

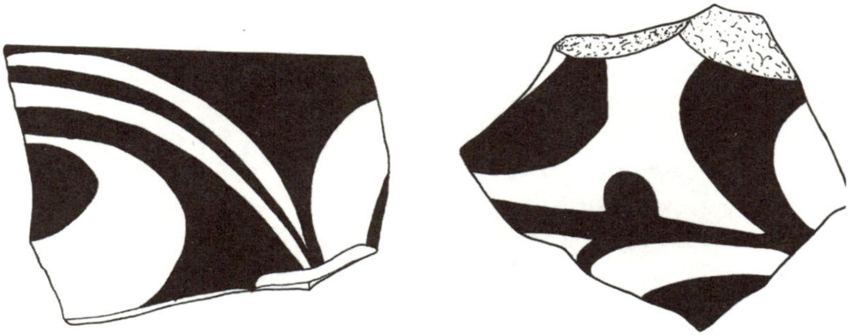

树叶纹的纹饰形状端正，和树叶很像；钩叶纹的纹饰形状为变形的钩叶状。

图 4-80　北首岭遗址陶器上的树叶纹和钩叶纹

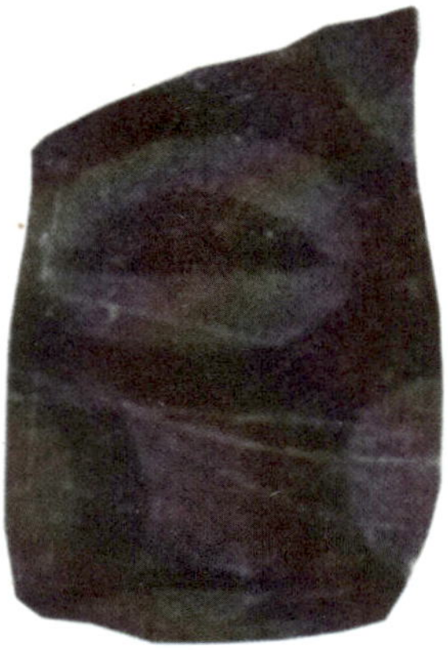

陶片上的纹饰由几个相连的椭圆形圆圈构成。圆圈内饰有半月形彩纹，各圆圈之间出的空间呈四边向内弯曲的方格形，残片长9厘米，宽6.5厘米。

图 4-81　北首岭遗址陶器上的圆圈方格纹

图 4-82　北首岭遗址陶器上的圆点纹

一端细窄，一端宽，状如弯镰。

图 4-83　北首岭遗址陶器上的弧形纹

4. 分期特征

陶器的发展和演变，体现在多个方面，比如火候、陶胎的厚度、器型、纹饰等。

（1）烧制特点

早期陶器的烧制有相当一部分因火候不均匀，导致同一件器物上有些地方红，有些地方灰，许多三足罐和陶碗就是外红里黑或外红里灰。灰色的陶碗也比较多，很多陶器陶胎很薄。中期陶器火候很均匀，呈色纯正，很少有在一件器物上红一块灰一块的现象。而晚期陶器主要以器型大、陶胎厚为特点。

（2）纹饰特点

细绳纹为早期陶器的常见纹饰，此外还有压划的横道和水波纹、附加的小月牙、小圆点堆纹、戳刺的小点纹和指甲纹等。中期陶器的纹饰主要是绳纹、弦纹和素面抹光。晚期陶器有较多的宽带纹、粗绳纹，也出现为数很少的树叶纹或钩叶纹（图4-84）。

图 4-84　北首岭遗址出土的早期三足罐

早期彩陶极罕见，只在 1 件碗的口沿上有 1 道红彩，还有 1 件碗的内壁有彩绘，是陶器烧好后再绘彩的。中期彩陶数量大增，花纹多样化。晚期彩陶数量减少。

（3）器型的发展与演变

从不同时期的陶器中，我们能看到其中某些器型发展、演变的迹象。

例如，早期没有发现瓶，但有一种小口罐，如果去除它的口部，形状就和中期的陶瓶很相像，因此，这种小口罐很可能就是瓶的前身。又如，中期的瓶，口部较长而直，与晚期的某些瓶很接近，只是晚期的瓶的口部更长而且收颈略成葫芦状而已。因此，它们之间应该也存在着发展与演变的关系。另外，早期、中期的碗与晚期的某些钵在形态上也很相似（图 4-85 至图 4-87）。

泥钉纹三足小陶鼎　　弦纹鼓腹小平底粗砂红陶罐　　指甲纹坠腹平底陶壶

图 4-85　北首岭遗址出土的早期陶器

宽带黑彩深腹陶钵

弦纹敞口坠腹陶罐

宽带红彩大口深腹陶钵

图 4-86　北首岭遗址出土的中期陶器

折腹小平底陶壶

敞口束腹陶器座

细长颈折腹小平底陶瓶

几何纹折腹小平底陶壶

图 4-87　北首岭遗址出土的晚期陶器

二、石器

石器是北首岭先民重要的生产、生活工具，北首岭出土的石器，材质和器型多种多样。经鉴定石材主要有辉绿岩、辉长岩、角岩、矽质角岩、角闪岩、角闪片麻岩、砂岩、玄武岩、花岗岩、石英岩，此外还有少量的片麻岩和沙化灰岩。器型主要有石斧、石铲、石锛、石凿、石刀、石网坠、磨石、研磨石盘、碾谷盘、碾谷棒、石杵等（图 4-88 至图 4-92）。

石斧可以用来打击野兽，砍伐树木等，一般用砾石打制而成。

图 4-88　北首岭遗址出土的石斧

图 4-89　北首岭遗址出土的石刀

石网坠是用来系在渔网下面，使得渔网迅速下沉的东西，一般都采用扁平的小砾石。

图 4-90　北首岭遗址出土的石网坠

研磨石盘，用细砂岩制成，长 13.5 厘米，宽 9.1 厘米，厚 2.6 厘米。平面呈长方形，边缘修整平直。正反面皆为研磨面，长期使用会使石面略凹，正面中间用红颜料画有 1 个直径 3.7 厘米的圆圈。

图 4-91　北首岭遗址出土的研磨石盘

图 4-92　北首岭遗址出土的碾谷盘、碾谷棒及使用方法

三、骨器

北首岭发现了不少使用动物肢骨制作的生产工具。其中铲 145 件，完整的约有三分之一；镞共 500 多件，制作精致；鱼叉 1 件，头部为扁平的长三角形，微翘，短翼，一翼偏上，一翼偏下，铤部长而圆，尾尖（图 4-93 至图 4-98）。

骨铲，用动物肢骨制成，器身较长，一端保留肢骨的关节部分，一端磨出直刃。

图 4-93　北首岭遗址出土的骨铲

骨镞，古人用兽（如牛、鹿）的腿骨等坚硬的骨骼切削磨制成的尖锐的箭头，绑在矛和箭的顶端。

图 4-94　北首岭遗址出土的骨镞

图 4-95　北首岭遗址出土的骨匕

骨锥形器，长10.3厘米，宽1.3厘米，厚0.3厘米。器身扁平，长条形，两侧及顶部平直，一端斜磨，聚成器尖。器的一面磨平，一面有刻雕花纹，花纹为两道长的刻道，旁边附有7条斜向短道，器的两侧各有1道刻槽，用途不明。

图4-96　北首岭遗址出土的骨锥形器

图4-97　北首岭遗址出土的骨梭

图4-98　北首岭遗址出土的骨针

四、角器

北首岭遗址中发现的角器都是用鹿角制成的，其中，锄、矛、铲、凿各1件，角锥5件（图4-99、图4-100）。

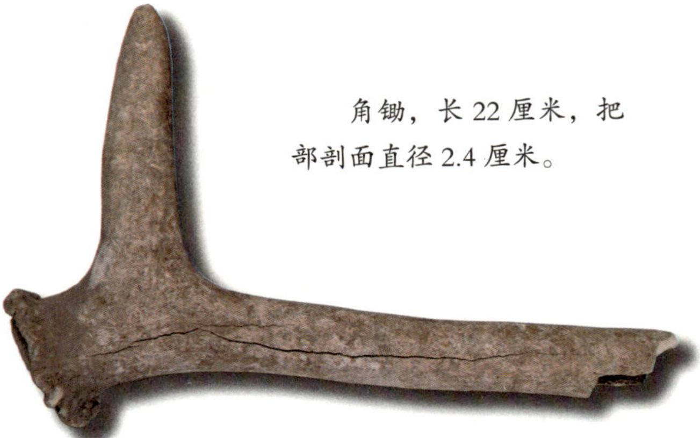

角锄，长22厘米，把部剖面直径2.4厘米。

图4-99　北首岭遗址出土的骨锄

角铲，长13.9厘米，直径3.5厘米。

图4-100　北首岭遗址出土的骨铲

第五章　北首岭墓葬文化

史前人类受灵魂不灭观念的支配，一般按照“事死如事生”的原则安葬死者，在修建墓穴的基础上，还普遍随葬各种生产、生活用具，以供死者在另一个世界使用，逐渐形成了种种埋葬习俗。

北首岭的墓葬非常有特点：实行男男合葬、女女合葬的制度，大多数死者头向西北、脚踩河滩，有骨骼凌乱摆放的二次葬，还有许多墓葬出现肢体残缺现象……这些多样的埋葬现象及大量的随葬品，真实、全面地反映了当时的生产方式、生活方式、思想观念、风俗习惯和社会风尚，为我们探寻原始社会人们的生活习惯、文化特征、宗教信仰提供了很好的参照。

一、墓葬分布

北首岭的墓葬共发现了451座，主要分布在Ⅳ区和Ⅵ区，其他各区只有零星发现。Ⅳ区和Ⅵ区的东部均为断崖，估计已有相当一部分墓葬随着断崖的崩塌而毁掉。Ⅳ区的墓葬共计 39 座，墓葬范围较小，长、宽各约 30 米，但墓葬密集，应是公共墓地；Ⅵ区墓葬共计 404 座，分布范围最大，南北长约 100 米，东西宽约 80 米，也是一处公共墓地。Ⅰ区的墓葬有 2 座，Ⅱ区的墓葬有 2 座，Ⅲ区的墓葬有 1 座，Ⅴ区的墓葬有 3 座（图 5-1）。

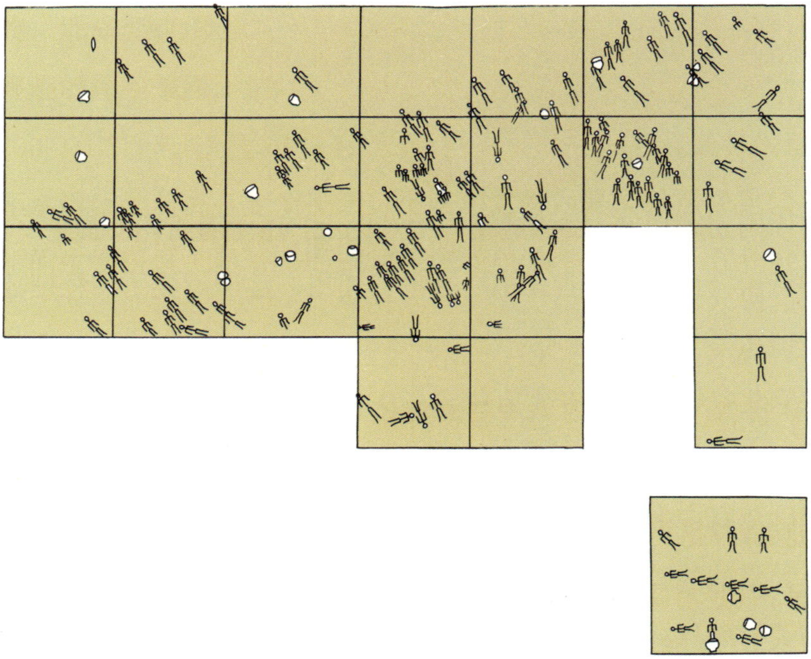

图 5-1　北首岭遗址Ⅵ区中部探方平面图

二、墓葬形制

北首岭墓葬可分土坑墓和瓮棺墓 2 种。土坑墓埋葬的主要是成年人，但也有少数是埋葬儿童的。瓮棺墓埋葬的绝大多数为儿童，只有极个别瓮棺墓埋葬的是成年人。

1. 竖穴土坑墓

北首岭的墓葬大部分属于竖穴土坑墓，这些土坑墓的墓穴以长方形竖穴式为多，也有梯形、方形或者接近方形的。墓穴的大小根据墓葬中的人数以及墓葬主人体型的不同而不同。墓壁一般垂直或接近垂直，墓底平坦。有一些墓的墓壁还经过特殊加工，涂刷有 1 层料姜石浆，也有的墓壁上抹有 1 层草拌泥。

（1）竖穴土坑墓的葬式

竖穴土坑墓分为单人葬和合葬墓。

单人葬的墓共 367 座。其中，仰身直肢葬 290 座，俯身葬 14 座，侧身葬 1 座，屈肢葬 1 座，二次葬 35 座，葬式不明者 26 座。

合葬墓共 14 座。其中，二人仰身合葬 5 座，二人二次合葬 5 座，二人合葬葬式不明者 1 座，三人仰身合葬 1 座，三人中二人仰身一人二次葬式的合葬墓 1 座，五人中三人仰身二人二次葬式的合葬墓 1 座。

在所有葬式中，仰身直肢葬是最普遍的，一般是面部朝上，上肢在身体两侧，下肢伸直，也有少数面部侧向一边，或者上、下肢交叉放置。值得注意的是，在仰身直肢葬保存得比较好的骨架中，有不少肢体残缺的现象，而且专家也排除了自然破坏或者遗址被打破后造成的可能（图 5-2）。

（2）竖穴土坑墓的葬具

在少数长方形的竖穴土坑墓中，有板灰和席痕，这些可能

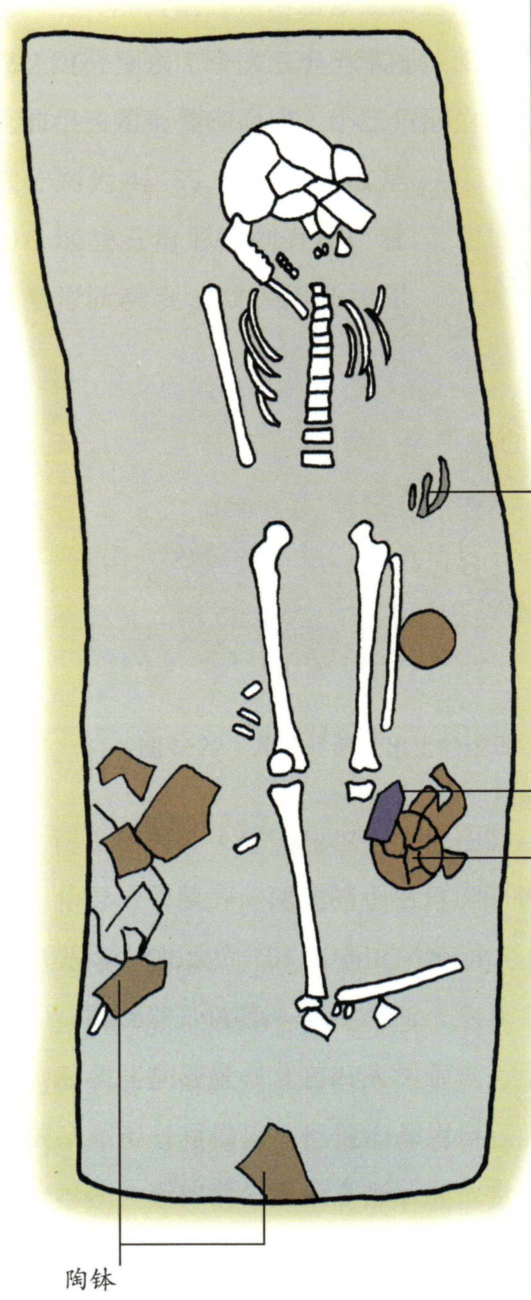

骨架的下颚骨分成两半，左胫骨折断，下半截横放。墓中出土有装有颜料的陶罐残片。

图 5-2　北首岭遗址 78M20 发掘现场及平面图

是作为葬具的棺木或者草席腐化后的痕迹。

板灰往往黏附在墓穴的边壁或墓底，但因为范围太小，难以判断它是否为木棺。

席痕多发现于墓底和人骨架上，一般只在局部地方见到这种痕迹，但也有个别的墓可以看到大面积且清晰的席痕。

（3）竖穴土坑墓的随葬品

在竖穴土坑墓中，有随葬品的占大多数，随葬品以陶制生活器皿为主，也有磨石、骨镞、石球、蚌壳、骨珠等物品。每个墓中随葬品的数量不同，多的有十几件，少的仅有 1 件。

在随葬品数量比较多的情况下，随葬品会有主次之分，主要随葬品在大小和精美程度上一般会更胜一筹。大部分墓葬把主要随葬品放置在小腿骨或者脚的前端，少数墓葬把主要随葬品放在手臂两侧、脚旁边及头前。随葬品中的陶钵往往扣在陶罐上，小罐有时装在较大的罐子里，小钵有时候装在罐或者较大的钵里，有时两三个钵套在一起。陶壶以及陶瓶大多数靠近墓壁，特别是靠近脚部的墓壁。野猪牙大多放置在手臂旁，个别放在头前。成束的骨镞大多放在小腿骨上，有时放在两个小腿之间（图 5-3）。石斧大多放在腰侧或者腿侧。骨珠有绕于头部的，也有零散发现于胸部附近的。

2. 瓮棺墓

瓮棺墓是使用瓮、罐、盆、釜等陶器盛装尸骨或者覆盖尸骨的墓葬。瓮棺墓一般都没有墓穴，只是将盛放尸骨的容器放置在和它外形相仿的坑里，甚至只是倾斜放置在浅洼的地面上。

墓葬区中有8座墓葬都发现有成束的骨镞，每束十余枚，亦有多至数十枚者。

图 5-3　北首岭遗址墓葬中出土的骨镞

（1）瓮棺墓的葬式

瓮棺墓的骨架一般比较零乱，有的只有几块碎骨，或者只有几块破碎的骨头片，因为骨架太零乱，大部分瓮棺墓都看不出葬式。

（2）瓮棺墓的葬具

用作瓮棺的陶器种类有瓮、钵、罐、盆、釜、盖等，各墓使用的陶器数量不等，有1件的，也有2件的。如果有2件葬具，组合情况是瓮与钵、瓮与瓮、瓮与盆、罐与钵、釜与盖等，一般都是2件扣合在一起或者套在一起的，也有将1件陶器劈成两半相互套合的（图5-4、图5-5）。

（3）瓮棺墓的随葬品

只有少数瓮棺墓有随葬品，有随葬品的瓮棺墓，随葬品数

将陶瓮劈成两半相互套合的瓮棺葬。

图 5-4　北首岭遗址瓮棺墓

葬具为 1 个陶钵扣盖在 1 个陶罐上，钵底有 1 个小孔。

图 5-5　北首岭遗址瓮棺墓

量一般也很少，只有一两件陶器，放置在葬具里面，没有固定的摆放方式。

三、墓葬排列

北首岭竖穴土坑墓的朝向是有一定规律的，比如，大多数墓都朝向西北，几个墓成为一组，或者很多墓连成一片等，通过墓葬成组可以大体看出墓葬的朝向规律。竖穴土坑墓 80% 都朝向西北，而朝向正西、正南以及东南的墓只有不多的几座。而瓮棺墓基本与竖穴土坑墓交错在一起，没有规律（图 5-6）。

四、墓葬分期

和北首岭地层仰韶文化分期的早、中、晚期相对应，北首岭遗址每个时期的墓葬都有其各自的特征，比如，随葬品摆放位置的不同或者随葬品种类组合的不同。而且，在不同时期的墓葬之间，也存在着叠压与打破的关系，这也可以作为分期的一个依据。

1. 早期墓

共有 7 座。这一期墓葬随葬陶器的基本组合和代表器形是鼎、圆腹平底罐、圆腹小平底罐、直腹小平底罐、碗、壶（图 5-7）。

2. 中期墓

共有 120 座。中期墓葬随葬的陶器有瓶、直腹小平底罐、

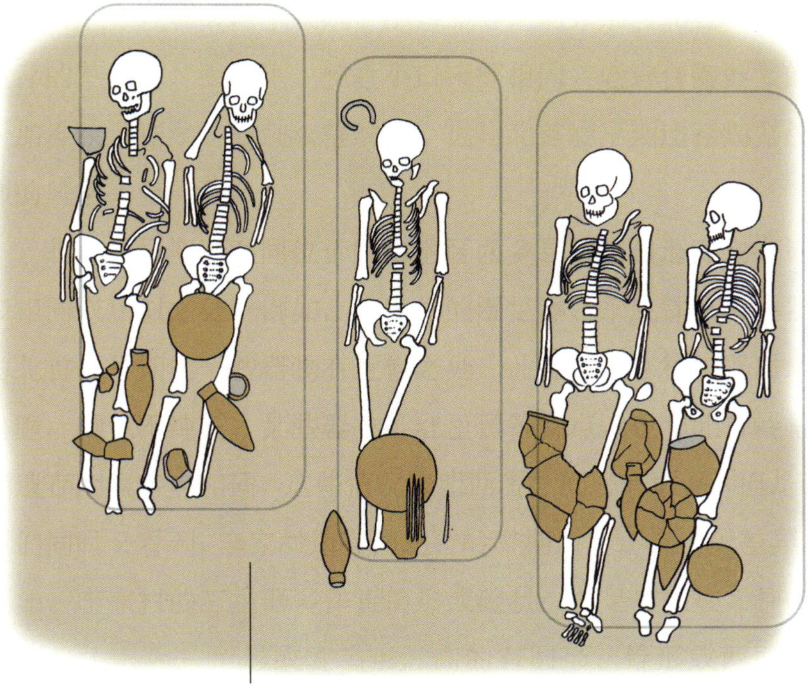

这 3 座墓成一组，均向西，它们整齐地排列在南北一线上，墓底距地面深度均为 1.1 米。

图 5-6　北首岭遗址墓葬成组

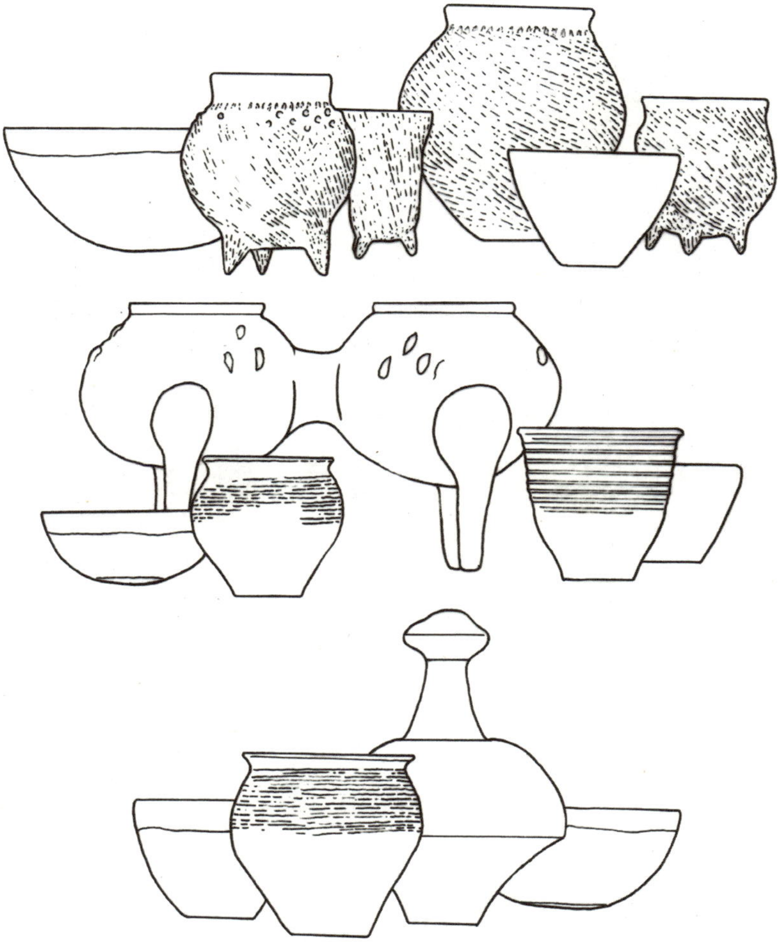

图 5-7 北首岭遗址早期墓的随葬陶器组合线图

圆腹小平底罐、折腹小平底罐、敛口圆腹罐、钵、碗、壶、盂、尖底器、盆、瓮，此外，还有少量的直腹小平底罐、鼓腹小平底罐、竖领鼓腹罐、碗等，骨镞数量很多（图 5-8）。

3. 晚期墓

共有 118 座。晚期墓葬随葬陶器的基本组合有 2 组：一组

图 5-8　北首岭遗址中期墓的随葬陶器组合线图

是瓶、钵、罐，一组是壶、钵、罐（图 5-9）。

北首岭遗址墓葬早、中、晚三期的发展、变化的脉络是清楚的：早期为数不多的陶钵、骨镞、野猪獠牙等随葬品到中期

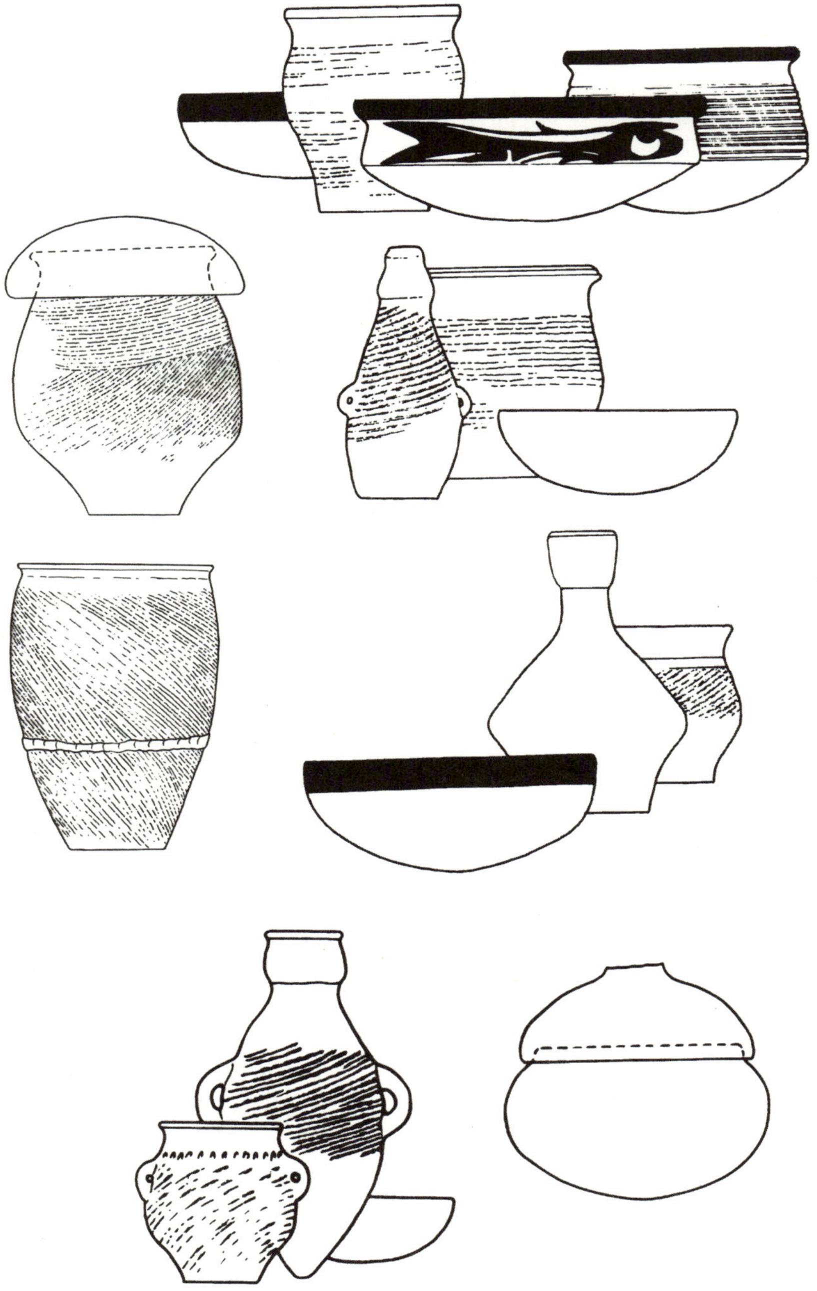

图 5-9　北首岭遗址晚期墓的随葬陶器组合线图

盛行起来；早期盛行的陶碗，到中期就衰落了，只有发现了少数；中期盛行的直腹小平底陶罐，很清楚是从早期的直腹小平底陶罐演变过来的；中期为数不多的鼓腹小平底陶罐，到晚期就很盛行；中期盛行的陶钵，到晚期就衰落了，只有发现了少数；晚期盛行的陶瓶和陶钵，显然是从中期的陶瓶和陶钵演变过来的。

因此，北首岭遗址墓葬早、中、晚三期是一脉相承的。

五、典型墓葬

在掩埋死者的过程中，任何细节都反映了活人的意识，是活人的思想受当时社会条件、传统观念、宗教教义、社会意识等方面制约的总体表现。通过北首岭的典型墓葬，我们可以看到北首岭先民对往生世界的想象。

1. “无头英雄”

在北首岭遗址发现了 1 座典型的单人仰身直肢葬墓，墓圹为长方形竖穴，口微敛，墓长 2.6 米，宽 0.66 米，深 0.95 米，墓口距地面 3.05 米。墓圹西壁上有 1 条长 0.7 米、宽 0.12 米的板灰痕迹。骨架仰卧伸直，脊椎及下半部骨骼保存完整，但无头骨，胸部的肋骨及上肢骨只剩余几根残骨。经鉴定，墓主为成年男性。骨架身上有明显的席子覆盖痕迹。头部位置侧放着 1 个画有黑彩符号的尖底陶器，其下有皮毛样灰痕，再下又有木板灰痕，应该是用以代替头颅的。尖底器东侧撒有朱红颜料。左臂尚残存有几根指骨，附近放置 1 颗野猪牙。其余随葬品多放在膝部以下，有陶罐 3 个、陶钵 2 个、陶壶 1 个、陶瓶 1 个、石研磨盘 1 个（上面画有红色圆圈）、磨石 2 个，膝部的陶罐下压着整排的骨镞，另一个陶罐内还盛有一些鱼骨（图 5-10）。

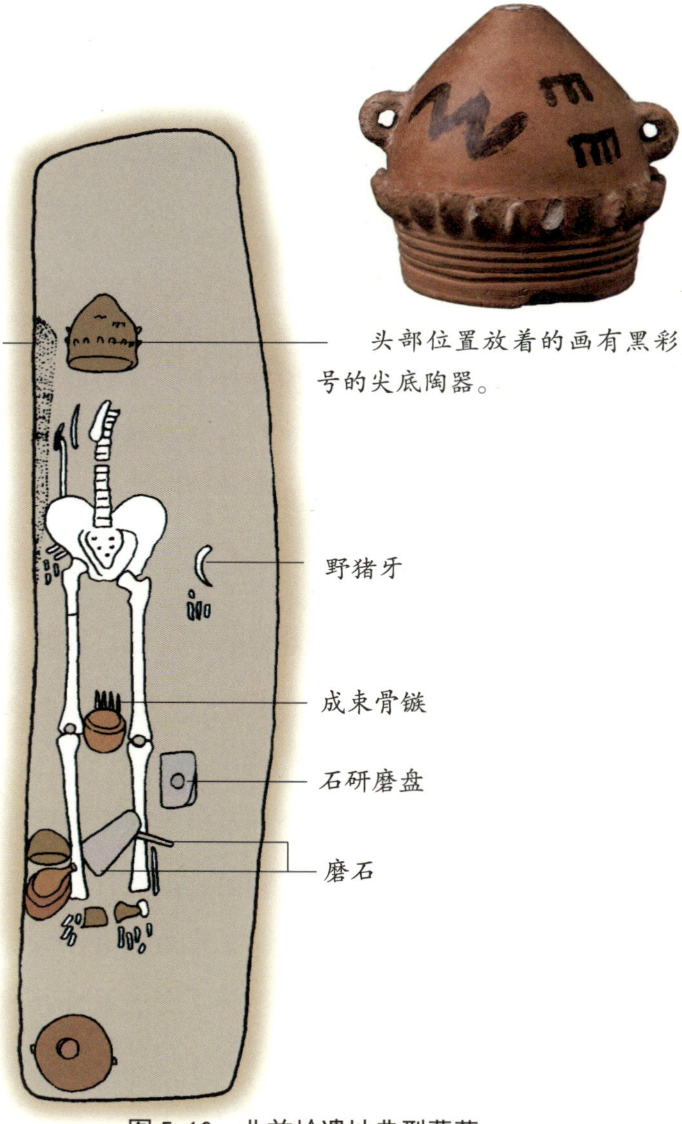

图 5-10　北首岭遗址典型墓葬

这座“无头墓”在北首岭遗址内仅发现了这一处，但却给后人留下了诸多疑团，让人产生各种猜想（图 5-11）。

他为何无头？难道是当时存在猎头风俗？但既然是猎头风俗的牺牲者，为什么还要厚葬呢？在缺失的头部位置放置 1 个有多种黑彩符号的陶尖底器又是何意？最令人信服的一种猜测认为他是位没有姓名的“无头英雄”，是为了北首岭人的生存，做出了重大贡献的牺牲者。也许他在带领本族男人打猎时，被野兽伤害，失去了头颅。他的膝部陶罐下压着整排的骨镞，左臂附近放置有野猪牙，很明显他生前是位打猎英雄，曾射杀和捕获过无数的猎物，野猪就是他捕获的其中一种；又或许他是在与外族的冲突中，为了维护本族的利益，舍生忘死、冲锋陷阵而失去了头颅；还可能是为了本族驱灾除疫献出了头颅……

“无头英雄”头部尖底器口沿以下的 4 道弦纹，整齐一排

图 5-11　埋葬“无头英雄”场景还原

的鹰嘴饰，下部素面上的 4 个符号，通过这些装饰我们是否可以这样理解：蓝天白云下，飞翔着神鸟，在神鸟的护卫下，这位英雄就生存在这里，为北首岭人做出了重大贡献。这些符号是驱邪还是记录？是随心所欲涂抹还是刻意精心制作？是歌颂英雄的业绩还是诅咒伤害英雄的敌人？这些早已不得而知，留下的只有后人的猜想。

2. 肢体残破的单人葬

在单人葬的墓中，仰身直肢是最普遍的葬式，即便在合葬墓中，此种葬式也很常见，一般是面向上，上肢放两侧，下肢伸直。也有少数是面侧向一边，或上、下肢交叉放置。

但在仰身直肢葬保存得较好的骨架中，有 40 余个出现肢体残缺现象。例如：骨架头部大部分残缺，只剩下一小部分；骨架缺少右前臂骨；骨架缺少左股骨；骨架左臂只有近肩部的一小截肱骨；骨架右臂骨压在右肋骨之下；一个儿童骨架的眉间插有一骨条；骨架的左桡骨与尺骨两端相接；骨架的下颚骨放置于头颅之前；骨架的下颚骨分成两半，左胫骨折断，下半截横放；骨架没有头颅和上肢骨，等等。这些现象都排除了自然破坏或遗址被打破造成的可能。

77M13 就是其中一座典型墓葬。墓坑长 1.86 米，宽 0.42 米，深 0.36 米，坑口微敛。墓口离地表 3.62 米。经鉴定墓主人是男性，50 岁左右，其骨架仰卧伸直，面部侧向东，上半身以及大腿骨均保存完好。但下颚骨脱落一边，小腿压在大腿骨之下，不与大腿骨相连接，手指骨及脚趾骨不全。随葬品放在左大腿骨之上，在骨架口部附近处有 1 枚榧螺。墓主人的小腿被肢解后压在大腿下面，这种情况在同时期其他遗址墓葬里也有发现，民俗学家对于这一现象存在的原因做过这样的猜想：当时的人也许是因为对于逝者生前的畏惧，担心其死后仍会骚扰他们，所以将其小腿肢解后压在大腿下面，使他无法行走。这仅仅是一种猜想，不过很多文学作品中都有逝者复活后无腿奔走的想象，此种想象也许就来源于此（图 5-12）。

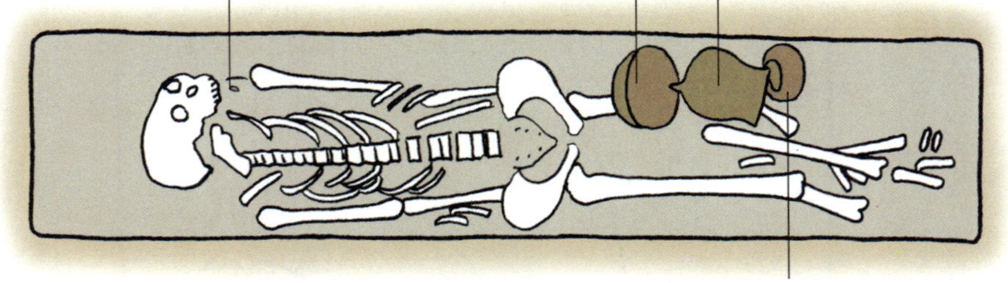

图 5-12 北首岭遗址 77M13 平面图

3. 二人二次合葬墓

77M12 墓坑呈长方形，北头较宽为 0.62 米，南头较窄为 0.54 米，长 1.9 米，深 0.32 米。墓口距地表 3.5 米。骨殖分 2 层放置。第一层，墓北端放置有盆骨、上肢骨、肩胛骨、脊椎骨等，放成近圆形的一堆。墓中央立放着 2 个头骨，头骨面向南，没有下颚骨。墓南端放有 2 根下肢骨。经鉴定均为男性成年人。随葬陶器放在人头骨的前面，压在右下肢骨之上。墓中有陶罐、陶钵、陶壶。第一层骨殖取去后，又出现第二层骨殖，十分凌乱，有 2 个下颚骨及四肢骨、肋骨等（图 5-13）。

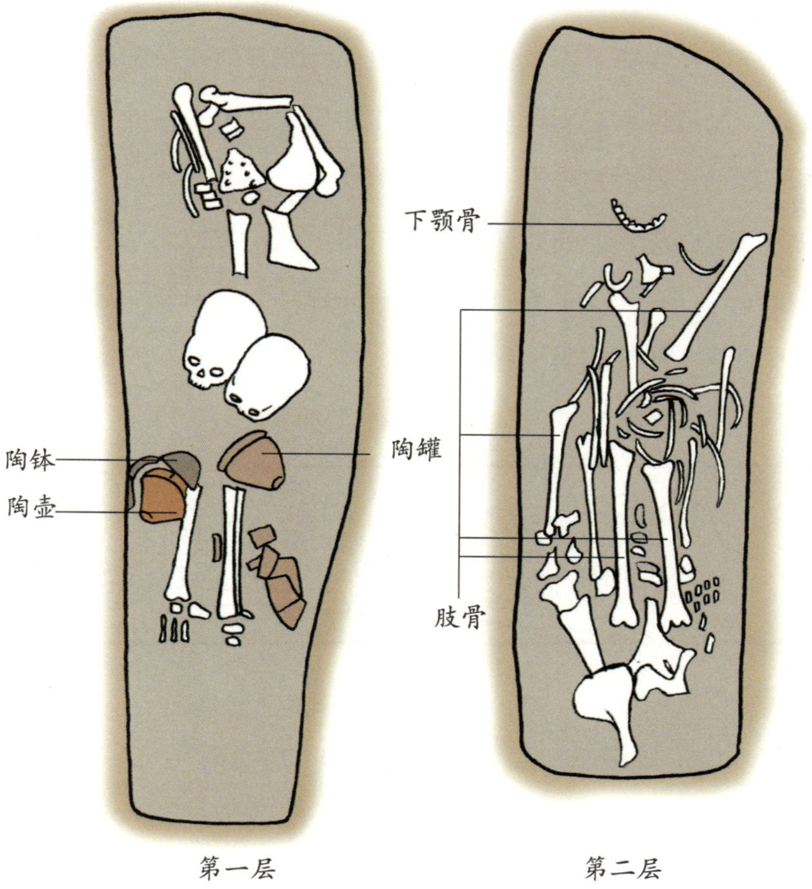

图 5-13 北首岭遗址 77M12 平面图

4. 多人二次葬的合葬墓

77M10 是一座典型的多人二次合葬墓，墓内 5 人中，3 人仰身，2 人为二次葬，墓坑为长方形竖穴。墓口长 3.68 米、宽 2.82 米，墓深 0.55 米，墓口距地表 3.8 米。墓坑南壁上有局部的板灰痕，而且还有料姜石浆涂抹的痕迹。墓底上均匀地陈放着 5 具人骨架（图 5-14）。

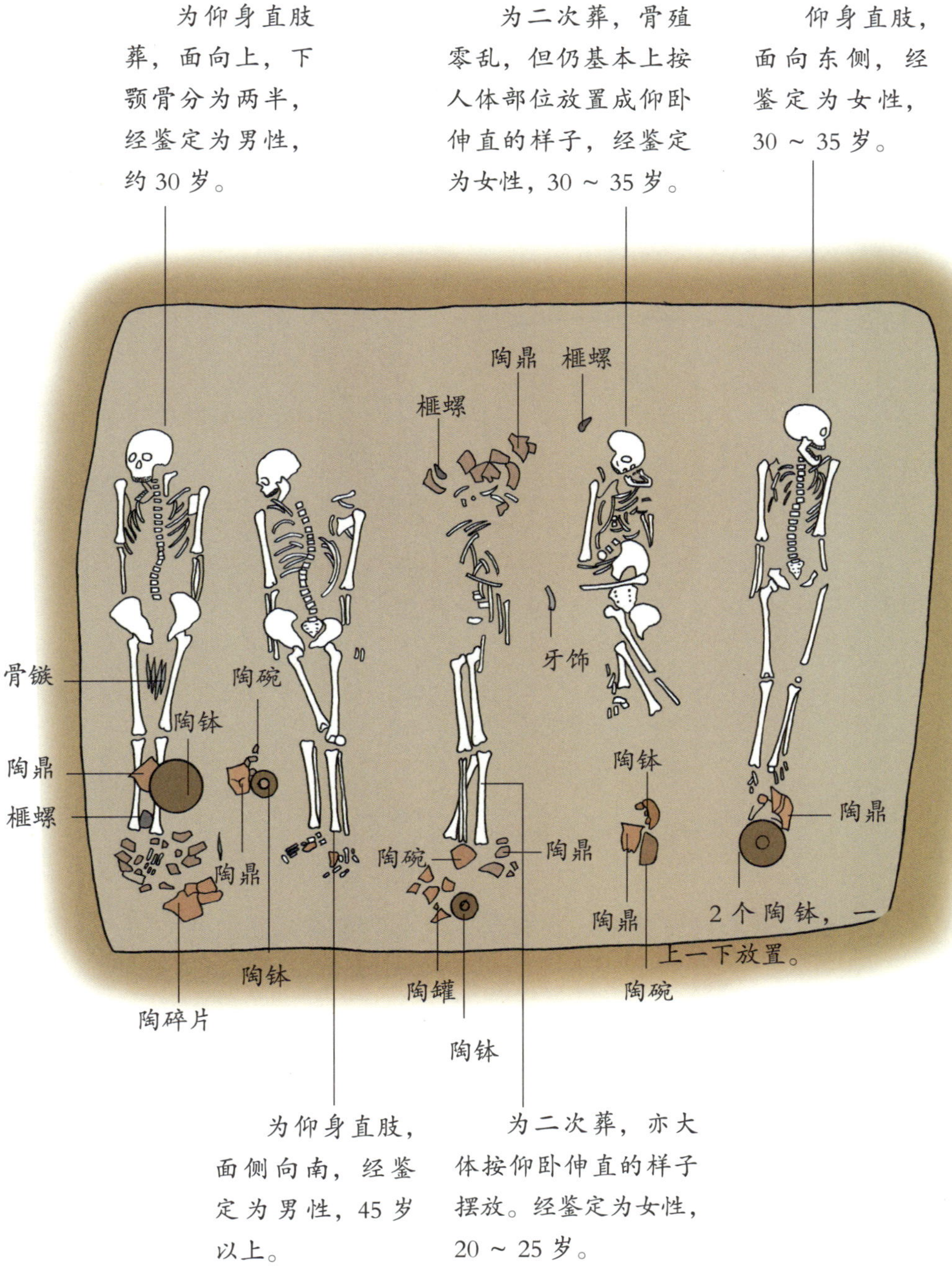

图 5-14　北首岭遗址 77M10 平面图

5. 瓮棺墓

M426 为瓮棺墓，墓穴为簸箕形，长 0.65 米，宽 0.7 米，深约 0.4 米，墓口距地表 1.85 米。坑内有 1 层料姜石抹过的硬面，坑内侧放着 1 个陶瓮，瓮口扣着 1 个陶钵，瓮内有几块人骨（图 5-15）。

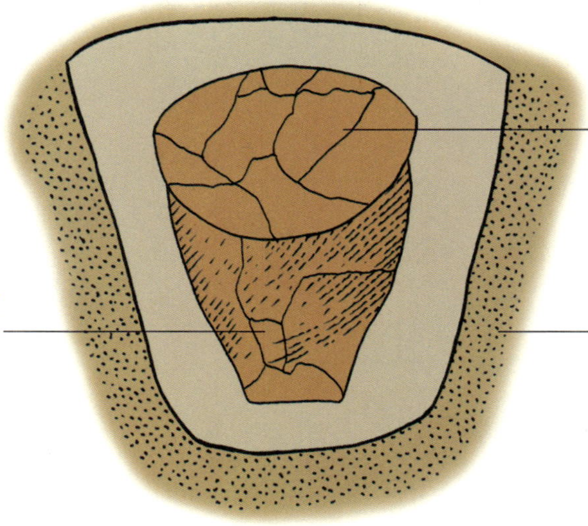

图 5-15　北首岭遗址 M426 平面图

有的瓮棺墓只有葬具，没有墓穴。M43 的陶瓮位于地面下 0.65 米处，瓮已残，上覆一钵，瓮内有零乱的人头骨及四肢骨（图 5-16）。

6. 无骨架的空墓

77M15 是一座空墓，长方形，竖穴。长 2.2 米，宽 0.78 米，深 0.45 米，口略大于底，墓口距地面 3.05 米。墓坑周壁有用料姜石浆抹过的痕迹。墓的南部发现陶罐、陶壶，但没有发现骨架，也没有看到骨架存放的痕迹。

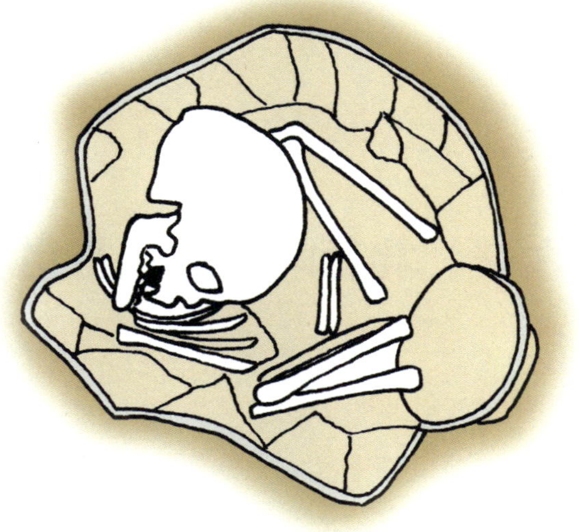

图 5-16　北首岭遗址 M43 平面图

第六章　北首岭人的精神世界

北首岭人的精神世界丰富多元，他们通过多种载体展示了自己对自然界的理解、对社群关系的构建及对超自然力量的敬畏与沟通。随着考古工作的深入，更多关于北首岭人精神世界的实物证据和学术研究将有助于我们更全面地认识这一史前文明的内在精神生活。

我们可以构建出一幅北首岭先民的精神世界图景，他们不仅在物质生活中表现出卓越的生存智慧和创新能力，还在精神领域内创造了丰富多彩的文化形式，表达了对自然环境的认识、对社群秩序的维护及对未知领域的探索和想象。

一、绘画和陶塑

为了生存和发展，在漫长的岁月里，史前先民不仅创造了维持生存的物质财富，而且创造了丰富的精神财富——绘画、陶塑。绘画艺术和陶塑艺术在我国已有悠久的历史，其源头可以追溯到史前的旧石器时代。北首岭先民同样运用绘画和陶塑等艺术形式记录了自己的形象和生活所见，这也是他们表达心理愿望和情感体验的主要方式。在感受世界的过程中，他们首先感受到的是真实世界：天上的日月星辰，空中飞翔的鸟儿、地上奔跑的野兽、水中游动的鱼……以及他们自己，他们将自己对万物有灵的崇拜表现在了绘画和陶塑中。

1. 绘画材料

这些原始而生动的画面是如何绘制出来的呢？在解答这个问题之前我们要先说一下先民们绘画时所用的材料。

（1）研磨器

北首岭遗址的出土器物中，有一件研磨器极为精致，它用大理岩磨制而成，正面有 2 个凹窝，作调色用，可分别调 2 种颜色。大凹窝为长方形，小凹窝为椭圆形，背面平坦。从使用的情况和形状看，和现在的砚台相差无几。另外出土的几件研磨器中，也有使用的痕迹以及颜料的残留（图 6-1）。

北首岭墓葬中出土的研磨器极为精致，跟后来的砚台相差无几。它用大理岩磨制而成，长 18 厘米，宽 14 厘米，厚 4.5 厘米。

图 6-1　北首岭遗址研磨器

北首岭出土的这些研磨器，虽然制作比较粗糙，但它确实可以看作是砚台的前身，而且研磨器上的颜料更加能够说明，当时人们已经有用研磨器研磨颜料并进行绘制图案的意识了。

（2）颜料

颜料在北首岭遗址房址和墓葬中均有发现：有的散见于房屋中或墓内；有的盛在小器皿里；有的团成小块，颜色较浅；有的做成四方长条形，碎成 3 块，颜色较深。颜料有红、黄、紫三色，以红色最多。这些颜料经鉴定为三氧化二铁和石英的混合物，是天然赤铁矿矿物颜料。表现在彩陶上，有黑、红、紫、白、灰五色，以黑彩最多，红彩只有少量，其余各色均为极少数。经实验，墓葬出土的红颜料烧出来呈红色，地层出土的紫颜料烧出来是黑色（图 6-2 至图 6-7）。

长 12 厘米、宽 10.5 厘米的颜料研磨盘上隐约还能看到红色的颜料痕迹。

图 6-2　北首岭遗址研磨器

人类最早用于着色的颜料是红色的赤铁矿。

图 6-3　赤铁矿

赭红色土块状，做成四方长条形，碎成3块，颜色较深。总长18.5厘米，宽4.5厘米，厚2.4厘米。

图 6-4　北首岭遗址出土的颜料

砖红色土块状，作成圆角方形，一端磨平。出土时放在一小陶罐内。长4厘米，宽4厘米，厚3.1厘米。

图 6-5　北首岭遗址出土的颜料

长5.6厘米。紫色，形状不甚规则。

图 6-6　北首岭遗址出土的颜料

图 6-7　北首岭先民使用研磨器复原场景图

2. 绘画艺术

作为仰韶文化的重要组成部分，北首岭先民采用彩绘技艺来装饰陶器，这些图案包含了几何图形、动植物形象和抽象符号，它们既是日常生活的写照，也可能承载了北首岭先民对自然现象的理解、宇宙观及信仰体系的表达。

（1）水鸟衔鱼图

北首岭遗址出土了众多精美的彩陶，其中一件“鸟衔鱼纹壶”上，描绘了一幅水鸟衔鱼的图画。专家认为，它所表现出的绘画艺术是空前绝后的。这幅画乍看是一幅粗糙的写实画，仿佛是漫不经心的随意之笔，实际上绘画者精准地抓住了水鸟衔鱼的精彩瞬间（图 6-8 至图 6-10）。

图 6-8　鸟衔鱼纹壶俯视线图（细节部分）

这幅画画在蒜头壶的肩上，鸟鱼在争斗时形成盘旋状于壶肩之上，此图几乎充满壶的肩部，在泥质红陶的质地上，画上了黑彩，既明亮又协调。

图 6-9　鸟衔鱼纹壶线图

细泥红陶，高 21 厘米，口径 1.5 厘米，顶部直径 9.6 厘米，底径 8.4 厘米。腹肩处用黑线条勾画出 1 只水鸟叼住 1 条鳞鳍齐备的大鱼尾巴，大鱼负痛回首挣扎，水鸟紧衔不放的生动场景。

图 6-10　鸟衔鱼纹壶

有学者认为这是选取了北首岭内 2 个氏族的图腾崇拜物作为绘画的主题。这 2 个崇拜物处在争斗之中。水鸟衔住大鱼尾巴，大鱼负痛挣扎，水鸟紧衔不放。此画的题材选取了当时最重大的题材。以至后人说，这就是中国最早的“龙”和“凤”。北首岭的艺术家们不由自主地充分展现了“艺术模仿自然”的原则，创造出了这不朽之作。

（2）船形网纹壶

北首岭的船形网纹壶是我国黄河流域出土的最早有关船的文物。这件器物被评定为“国宝级”文物，现收藏于中国国家博物馆。船形网纹壶为盛水器，上部长，两头尖，底部短且平，颇像一只菱角形的船。这便是我国北方最早的独木船雏形，从 6000 年前一直沿袭至今。这种船形壶既便于提携，又可穿绳背负，随身携带。器物不仅造型别具匠心，腹壁的图案也同样更具深意。这件船形网纹壶腹部的黑彩渔网纹图也很具深意（图 6-11、图 6-12）。

泥质红陶，通高 15.6 厘米，口径 4.5 厘米，宽 24.9 厘米，口部呈杯状，器身横直。壶肩上的孔可穿绳，方便背负，随身携带。

图 6-11　船形网纹壶

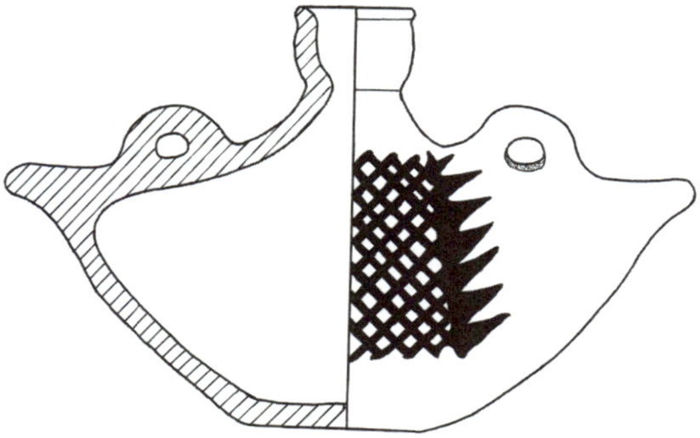

图 6-12　船形网纹壶线图

北首岭位于宝鸡市区西北部，周围还有多条河流流经。在新石器时代，宝鸡是一个气候温和、降雨充沛的地方。定居在北首岭的先民，除了发展农业之外，还需要捕鱼、狩猎、外界交往等，而纵横交错的河流在运输粮食、猎物等方面会非常有用。对北首岭先民来说，制造舟船是一件水到渠成的事情。从船形网纹壶的形状来看，北首岭人所制造的舟船像一只菱角，这是个相当独特的构思。

图中的渔网挂在船边，似在撒网捕鱼，又好像渔船刚刚捕鱼归来，在晾晒渔网。这个图案有力地向人们证明 6000 年前的北首岭人造船捕鱼的技术已经很娴熟了。

3. 陶塑艺术

北首岭遗址出土的陶塑人面像和陶塑半身人像，手法原始，造型生动，属我国目前已知时代最早的人像雕塑作品。

（1）陶塑人面像

陶塑人面像由细泥红陶制成，高 7.3 厘米，宽 9 厘米，厚

1 厘米，已经残损。专家对它进行了复原。复原后可以看出这是一个男性的头像，面部宽于头长，脸部饱满，鼻梁挺直，下巴微圆。眼睛和嘴巴都用长条形的孔表示。耳朵扁平，上面穿有小孔。头顶是平的，用绳纹表示头发。眉毛和胡须使用黑彩绘制（图 6-13）。

图 6-13　陶塑人面像

（2）陶塑半身人像

陶塑人半身像发现于北首岭遗址中期的灰坑中，这是我国目前已知的最早的人像雕塑作品。陶塑人半身像由泥质红陶制成，脑袋及左臂已经残缺，残高 6.7 厘米，宽 4.4 厘米，厚 2.3 厘米（图 6-14、图 6-15）。

图 6-14　陶塑人半身像

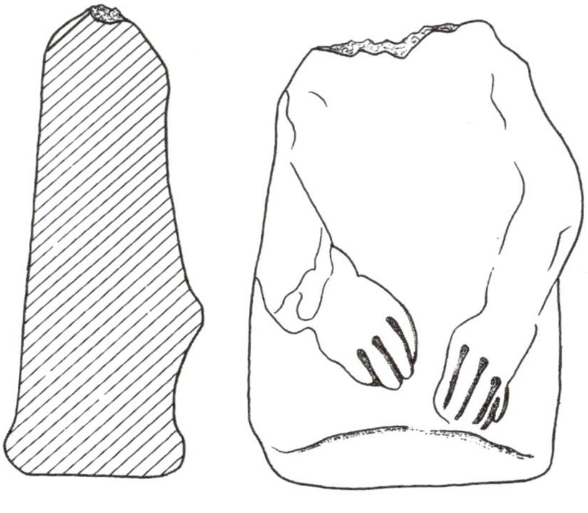

手臂是用泥条贴附在身体前面的，双手放在腹部的位置，手指用刻道表示。

图 6-15　陶塑人半身像侧面及正面线图

二、刻画符号

刻画符号在我国黄河、长江流域部分史前遗址都有发现。专家们对于这些刻画符号的含义也有不同看法，有人认为它与中国原始文字有关，有人认为它是氏族制陶作坊或家族制陶的一种特殊标志，也有人认为是陶工本人的姓氏标志或代表氏族的徽号。尽管见解不同，但不可否认的是，这些刻画符号是具有文化内涵的。

北首岭遗址出土的彩陶器皿上的刻画符号也为这些猜测提供了一些证据，这里出土有刻画符号的器物共 8 件，分为 2 类：一类是彩绘的，一类是器物上用硬物直接刻画的（图 6-16）。

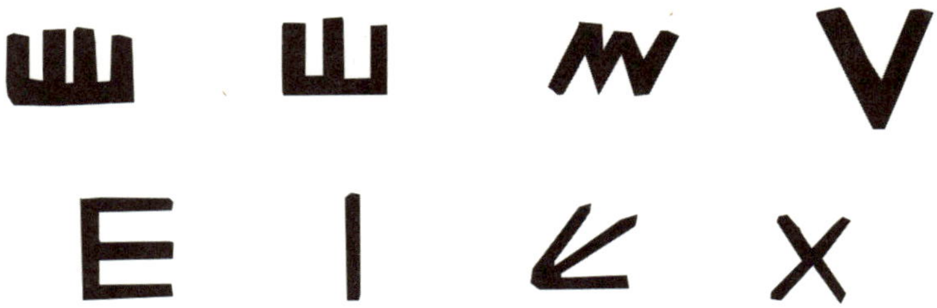

图 6-16　北首岭遗址发现的 8 种刻画符号

1. 彩绘符号

（1）尖底器上的密码

北首岭墓葬的出土物中，有 1 件尖底器非常独特。此器置于骨架的头部位置，可能是因为骨架无头，所以以此来代替死者头颅的。尖底器上的纹饰很丰富：口部以下饰有 4 道弦纹，弦纹以下紧接着又有 1 圈鹰嘴状附加堆饰。更令人震惊的是，尖底器的器身上面还有用黑彩绘制的 4 个符号（图 6-17）。

图 6-17　北首岭遗址出土的尖底器

这 4 个粗犷流畅的黑彩符号到底意味着什么？

它们似乎和山水有关，或代表北首岭人生存斗争之意；或许是北首岭人用来赞美山水之神，感激天地之恩，表达更高更深的意境的；或者是巫师的咒语、吉祥的祝福；或许单个符号各有其赋予的音和义；又或者是族徽，或是陶工的记号。

专家认为，这种多个符号在一起的组合，显然有比较复杂的含义。它也许是一种美好的表达：蓝天白云之下，成群鹰鸟飞翔，它们列队翱击长空，北首岭人就生活于此……

（2）黑彩字形“E”

北首岭出土的一件细泥红陶折腹小平底罐，高 9 厘米，口径 7.7 厘米，腹径 13.7 厘米，底径 3.7 厘米。腹部绘制有 4 个间距相等的侧置的“E”字形黑彩，其口部残损后再经过打磨平整（图 6-18）。

图 6-18　北首岭遗址出土的“E”字形黑彩折腹小平底罐

2. 刻画符号

北首岭出土的器物中，用硬物直接在其上刻画的符号有 4 种，在 1 件出土的细泥红陶钵上，口部附近有 1 道宽带黑彩，其上有刻画符号“丨”，在接近底部处有 4 个两两相对的刻画符号“⊻”。另外，还有 2 个刻画符号，见于陶钵残片口沿的宽带黑彩上：一个是“×”，一个是“丨”（图 6-19 至图 6-21）。

三、数的启蒙

从北首岭的出土物中可以看出，北首岭人对于数和形的运用已经有了初步的意识，很多陶器图案中就数形并用，这说明

图 6-19　北首岭遗址出土的有刻画符号的红陶钵

图 6-20　北首岭遗址出土的有刻画符号的陶钵残片

图 6-21　北首岭遗址出土的有刻画符号的陶钵残片

当时的北首岭人已经在“文明”的道路上跨出了探索的脚步。

1. 数形意识

北首岭出土了 1 件细泥红陶壶，其腹肩部的三角形黑彩花纹中就体现出了北首岭人对于数和形的意识。花纹可分为 3

组，上部的一组三角形由 6 个黑色的小三角形构成；中部和下部 2 组分别由 7 个大三角形构成，每个大三角形又由 10 个黑色的小三角形叠砌而成，小三角形由下而上数目逐级递减，数量分别为 4、3、2、1，总数是 10。这些三角形排列有序，看起来形状美观、数字清晰（图 6-22）。

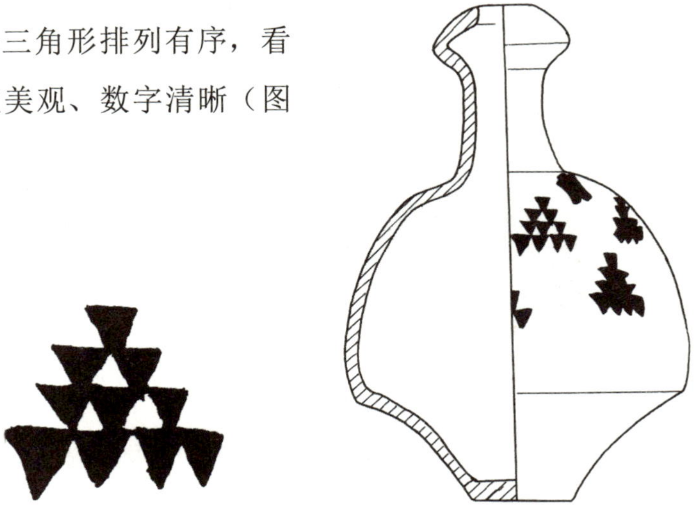

图 6-22　北首岭遗址出土的细泥红陶壶线图

出土的另外 1 件陶瓶也有类似图案，由小三角形堆砌成的大三角形异常整齐。两边的小三角形的数量依次按照 5、4、3、2、1 递减，总数为 15；中间的小三角形的数量依次按照 1、2、3、4、5、6、7 递增，总数为 28（图 6-23）。

对于这些数量，北首岭人尽管没有用现代人所使用的阿拉伯数字直接书写出来，但他们却用自己的表达方式将其表现了出来，使今天的我们看到了形状和数量。这不能不说是北首岭人对数和形的极致运用。它说明了北首岭人对于数和形的运用不是随意的，而是已经在明确意识的指导之下进行的。

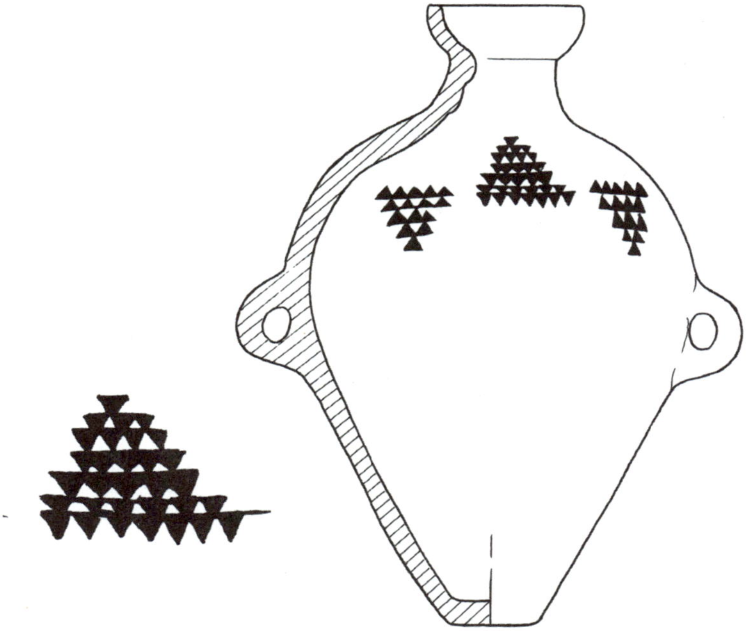

在这件细泥陶瓶的腹部饰小三角砌成大三角的松塔黑彩。

图 6-23　北首岭遗址出土的陶瓶线图

2. 图形意识

式样繁多的陶器，多层次、多方位的彩陶花纹是北首岭人对造型的充分展现。可以看得出，他们对每个造型的把握都非常准确。但这里的三角形却已经是几何图形，几何图形在北首岭并不少见，有圆、点、弧形、等腰三角形、直角三角形……这些都是北首岭人对几何图形的应用。

北首岭出土的陶器的口沿，圆的精度已经很高，说明当时已存在使用慢轮修整器物的情况。这是北首岭人应用几何图形的又一个例证（图 6-24）。

尖底瓶颈部图案。

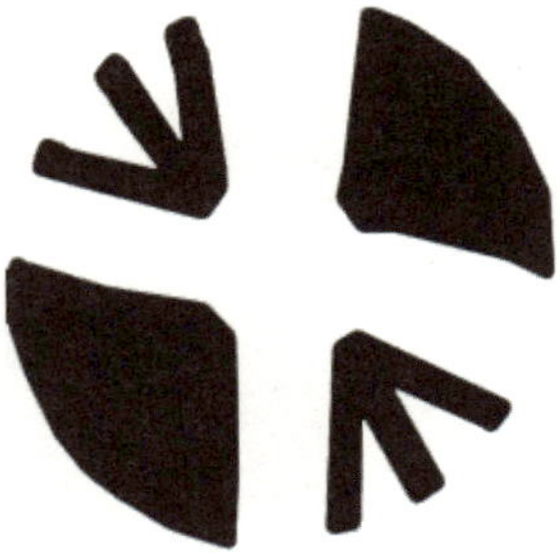

交错三角形陶壶口上的图案。

彩陶钵上的对称三角形。

彩陶钵上的图案。

尖底器上的波折纹。

交错三角形陶壶身上的图案。

图 6-24　北首岭遗址出土的陶器上的各类图形

四、装饰品和其他

在北首岭遗址中，还发现了一些对于生活和生产劳动而言都不是必需品的“小玩意”，它们包括约 150 件饰品——有用作头饰和项饰的石饰、蚌饰、骨珠、牙饰、榧螺，有用于束发的骨笄，有用作腕饰的陶环，以及 1751 件既不属于饰品又不是工具的东西，这些东西有环状器、石球、陶球、圆陶片、骨管、人像、颜料锭等，其中圆陶片最多，占总数的 90% 以上。通过这些“小玩意”可以看出北首岭先民们对美好事物的追求。

1. 装饰品

北首岭人在生产活动中渐渐形成了直线与曲线、对称与均衡、方与圆等一些基本的形式法则，他们的审美要求和审美意识已大为增强和完善，有意识地选择一些纹理细腻、色泽晶莹的材料进行精密加工，挂在身上作为一种没有什么使用价值的装饰。

（1）石饰

北首岭人用大理石、蛇纹岩、绿松石等制成各类装饰品（图 6-25 至图 6-27）。

大理石制成。口小底大，中间是空的，形状像一个罩子，白色，周身打磨光滑。高 3.9 厘米，厚 1 厘米，口径 1.2 厘米，底径 3.4 厘米。

图 6-25 北首岭遗址出土的石饰

由绿松石制成，平面略呈长方形，器身扁平，中部有孔，孔由两面对钻而成。长2厘米，宽1.6厘米，厚0.3厘米。

图6-26 北首岭遗址出土的石饰

蛇纹岩制成。平面呈梯形，横剖面呈三角形，窄端薄、宽端厚，窄端有一小穿孔。通身磨光，很精致。长8.2厘米，宽1.6厘米，厚1.4厘米。

图6-27 北首岭遗址出土的石饰

（2）骨饰

北首岭人用动物的骨头制成各类装饰品（图6-28、图6-29）

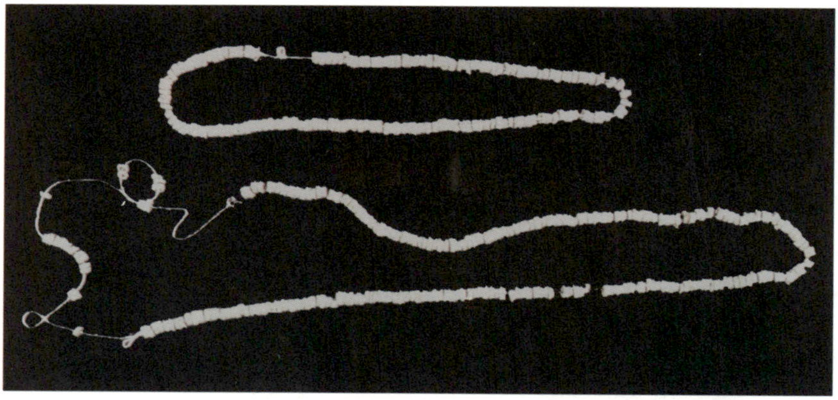

骨珠，共出土1148件，圆形，扁平状，中间穿孔，磨制而成。直径大约0.4厘米，孔径0.2厘米，厚0.2厘米。

图6-28 北首岭遗址出土的骨饰

骨笄，器身细长而扁薄，顶部较宽，有刻槽，从顶部往下逐渐变窄成为尖状，通体磨光。长 14.4 厘米，宽 1 厘米，厚 0.3 厘米。

图 6-29 北首岭遗址出土的骨饰

（3）牙饰

北首岭人将劈成两半的野猪獠牙磨光制成弧状的牙饰，这种饰物常出在墓葬人手臂附近（图 6-30、图 6-31）。

尖端残，中部略加磨细。长 12.3 厘米。

图 6-30 北首岭遗址出土的牙饰

中部磨有 1 个小缺口，可以系绳。长 12.4 厘米。

图 6-31 北首岭遗址出土的牙饰

（4）蚌饰

北首岭人将蚌壳制成各类装饰品（图 6-32 至图 6-35）。

将蚌壳的薄边略加打磨，使之稍厚钝，在宽的一端钻有双孔，长 14.4 厘米。

图 6-32　北首岭遗址出土的蚌饰

呈半圆形蚌饰，器身扁薄，周边做锯齿状，顶部有 1 个穿孔。长 4.3 厘米，宽 1.6 厘米，厚 0.2 厘米。

图 6-33　北首岭遗址出土的蚌饰

形状像人的半身头像的蚌饰，长 3.4 厘米，宽 2.7 厘米，厚 0.3 厘米。

图 6-34　北首岭遗址出土的蚌饰

长方形蚌饰，器身扁薄，上端两角各有 1 个穿孔。长 3.9 厘米，宽 2.7 厘米，厚 0.1 厘米。

图 6-35　北首岭遗址出土的蚌饰

（5）榧螺

北首岭人将榧螺的尖顶磨掉制成的饰品（图 6-36）。

图 6-36　北首岭遗址出土的榧螺饰品

（6）陶环

北首岭遗址共发现了 38 件陶环，都是用细泥灰陶烧制而成的（图 6-37）。

陶环，横剖面呈三角形。直径 7 厘米，厚 0.5 厘米。

图 6-37　北首岭遗址出土的陶环

2. 其他物品

除了这些饰品之外，在北首岭遗址还发现了其他一些物品（图 6-38 至图 6-40）。

石球，共 84 件。可能是狩猎用的投掷器，也可能是儿童玩具或者弹丸。直径 0.4 ~ 8 厘米。

图 6-38　北首岭遗址出土的石球

石环状器，剖面呈椭圆形，琢打磨制而成，直径 9.2 厘米，宽 3.4 厘米，厚 1.9 厘米。

图 6-39　北首岭遗址出土的石环状器

石穿孔器，形状像舌头，器身扁平，顶部有 1 个圆孔，周边经过了磨制，较为圆滑。长 11.9 厘米，宽 8.2 厘米，厚 1.3 厘米。

图 6-40　北首岭遗址出土的石穿孔器

第七章　结语

北首岭遗址是陕西关中地区继西安半坡遗址之后发现的又一处重要的仰韶文化村落遗址，它的发现较大地丰富了我们对关中仰韶文化的认识，为研究我国仰韶文化的形成和发展提供了重要的新资料。

一、北首岭遗址3层文化关系

北首岭仰韶时期的堆积基本上可以分为上、中、下3层。各层堆积内涵各有特点，以陶器的区别最为显著。

下层陶器种类较少，不少陶器陶胎较薄，纹饰比较简单。以泥质红陶和加砂红陶为主，但许多陶器色不纯，往往间夹着一块一块的灰褐色，或表红里灰。灰陶所占比例比中层为大。主要有鼎、三足罐、圈足罐、小口罐、圆腹平底罐、直腹小平底罐、大口无唇罐、碗、钵等。陶器装饰以素面和绳纹为主，绳纹一般比较细，此外还有戳刺纹、压划纹、附加堆纹等。戳刺纹多见于钵口附近或罐的颈部，绕器 1 周。压划纹和附加堆纹也多在陶器的口部或颈部附近。压划纹的纹样有水波、曲折、横道等。附加堆纹的纹样有连续的半月形、圆圈、小点、泥钉等。彩陶开始出现，但为数极少，纹样简单，仅在碗或钵的器口绘有 1 道鲜红的彩带。极个别的器物有内彩。

中层陶器种类显著增多，制陶技术提高。以红陶为主，陶器烧制的火候较高。主要有钵、碗、瓶、直腹小平底罐、圆腹小平底罐、大口小平底罐、折腹小平底罐、鼓腹小平底罐、大口无唇罐、敛口圆腹罐、筒形罐、盆、壶、盂、尖底器、瓮等。陶器纹饰比较复杂，有绳纹、弦纹、指甲纹、戳刺纹、附加堆纹、席纹、布纹、划纹等。彩陶数量大增，纹饰有鱼纹、鸟纹、人面纹、波折纹、对称的等腰三角或直角三角纹、宽带纹等。

上层陶器仍以红陶为主，许多陶器陶胎较厚，体型较大。主要有钵、瓶、壶、鼓腹小平底罐、圆腹平底罐、大口小平底罐、深腹罐、敞口坠腹罐、小罐、盆、瓮、器盖、器座、釜等。纹饰以绳纹为主，但纹道较宽。一些器物的上腹部往往有鸡冠状或圆饼状附加堆纹。彩陶数量减少，但仍有一定数量。花纹中，有较多的宽带黑彩。除沿用中期的一些花纹外，还出现为数很少的树叶纹或钩叶纹。

可以看到上、中、下 3 层的陶器是有密切联系的，例如：下层为数较少的钵，在中层里成为最常见的器形之一；下层已经发现的壶和碗在中层里仍有所发现；下层开始出现的彩陶，在中层数量有所增加，纹样也变得复杂起来；下层常见的小口罐、直腹小平底罐，与中层的瓶直腹小平底罐相当接近，后者应当是从前者演变而来的；中层最常见的钵在上层仍有所发现；中层已经出现钵、鼓腹小平底罐在上层里成为最常见的器物之一；中层的盆在上层里仍是基本器物之一；中层为数较多的彩陶在上层虽然数量递减，但仍有一定数量；中层为数不多的宽带黑彩花纹，在上层中则有较多增长；上层的瓶、钵、碗显然分别是由中层演变过来的。

此外，在埋葬习俗方面也可看到上、中、下 3 层文化遗存的密切联系，例如：随葬品大多数放在小腿上或小腿附近；下层墓葬所发现的用成束骨镞放在墓主人的小腿附近及用野猪獠牙置于墓主人手臂旁边的情况，在中层墓里更加盛行起来，等等。

这些情况有力地说明，北首岭仰韶遗址的下、中、上 3 层文化堆积是一脉相承的，它们分别属于北首岭仰韶遗存的早、中、晚 3 个连续发展时期。

二、北首岭与其他仰韶文化遗址的联系

北首岭仰韶遗址的早、中、晚 3 个时期的文化遗存与关中地区仰韶文化诸遗址有密切的联系，与关中地区以外的某些仰韶文化遗址也有一些联系。

在关中地区一些遗址发现的陶器与北首岭早期遗存的陶器很相像，例如陕西省彬州市下孟村发现的三足器，华州区老官台发现的侈沿敛口罐、直口修唇罐、钵形圈足碗、敞口平底钵

碗、口下有戳刺纹的平底碗、小口器等，均分别与北首岭早期遗存的三足罐、圈足罐、碗、小口罐等相同。老官台陶器上的附加堆纹、划纹、戳刺纹等纹饰，也与北首岭早期遗存陶器纹饰的风格完全一致。

北首岭早期遗存同位于陕南地区西乡县李家村遗存也有许多相同或相似之处，例如，李家村的圈足钵、平底钵、三足器与北首岭早期的一些器物有近似之处。此外，李家村陶器质地松脆，颜色不纯正，某些器物外红里黑等特点，也和北首岭早期遗存陶器特点相同，这些情况表明两者之间必有联系。但是，我们同时又看到，李家村遗存同北首岭早期遗存还有很大差异。例如，李家村的三足器多作直筒形或碗状；器足有高矮 2 种，以矮为主，为三角形或乳头形，高的有圆形、锥形或两面弧圆，一面扁平等。北首岭的三足罐上身近似竖置的鹅蛋状，足部多为横长扁矮的疙瘩形。李家村的圈足钵数量很多，占了钵类的多数，在遗址中是主要器物之一；北首岭的圈足钵则为数甚少，只有个别发现。李家村的实心圈足钵只有 1 件；北首岭的实心圈足碗则为常见器物。此外，李家村的有肩石斧及穿孔石器在北首岭都没有发现过。由此判断，李家村遗存同北首岭早期遗存可能是具有同一来源而且时代大致相当的 2 个不同文化类型。目前，李家村文化遗址在汉江上游已发现数处，它是主要分布于汉江上游的一种新石器时代文化遗存，它与长江中上游的新石器时代遗存具有某些联系，而与关中仰韶文化半坡类型的文化联系距离较远。

北首岭遗址与甘肃秦安大地湾遗址相距约160千米。大地湾一期文化早于仰韶文化半坡类型，陶器主要有三足钵形鼎、绳纹圜底钵、筒状深腹三足罐、筒状深腹罐、绳纹圈足碗、直领小口球腹壶等。陶器器表大多印有网状交叉绳纹，也有少量素面。钵或三足圈底钵口沿往往抹光而施1道红色彩带。陶器烧成火候低，陶色不匀净，而且多外红内黑。

北首岭早期遗存与大地湾一期文化遗存有许多相同或者相通之处。在陶器方面，北首岭也有部分陶器与大地湾陶器一样火候较低，陶色不均匀，有些器物往往外红里黑。大地湾与北首岭钵沿都有施红彩的情况。在墓葬方面，两者都有长方竖穴墓，陪葬器物多置于腿上或身子的一侧，等等。

但北首岭早期遗存与大地湾一期文化也有不少差异之处。大地湾一期文化的主要陶器中的三足钵形鼎、筒状平底罐在北首岭早期遗存中均未见到；大地湾圜钵通身饰交错绳纹，北首岭的圜底钵则为素面；大地湾的圈足碗为浅腹，北首岭的圈足碗为深腹；大地湾的筒状三足罐较大，北首岭的鼎形器很小且只有1件；大地湾的球腹壶无双耳且为凹底，北首岭的小口罐有双耳且为平底；北首岭的其他一些器物在大地湾一期文化中也未发现。

目前尚未发现大地湾一期文化与北首岭早期遗存的地层叠压关系。但是，北首岭早期遗存的文化面貌在许多方面与仰韶文化半坡类型相当接近，不少陶器已与半坡类型完全相同，一些陶器与半坡类型的陶器有明显的递变迹象，因此，北首岭早期遗存应比大地湾一期文化为晚。碳 14 年代测定的结果，也验证了这个推断。

北首岭中期遗存的文化面貌基本与半坡遗址下层的相同，许多陶器都非常接近或相同，彩陶纹样、陶锉、石器等也很接近。因此，北首岭的中期遗存应当属于半坡类型遗存。不过，稍有差异的是，北首岭为数众多的直腹小平底罐在半坡遗址中很少见，北首岭的彩陶数量也较半坡遗址的为少，这些情况或许是由于地域不同造成的。

北首岭晚期遗存的文化面貌与半坡遗址上层比较接近，因此，北首岭晚期遗存可以基本上划入半坡晚期类型的范畴。但是，半坡上层的文化面貌比较复杂，许多器物在北首岭上层中都没有发现或仅发现极少的残片；半坡上层已出现篮纹，在北首岭上层尚未见到。

三、北首岭村落遗址的布局

北首岭村落遗址的布局是有一定规律的。

村落的中心是一块南北长约 100 米、东西宽约 60 米的场地，这里没有发现房址和墓葬，只发现了 2 层路土。第一层路土离地表 1.3 米，厚 0.02 ～ 0.03 米；第二层路土离地表 2 米左右，厚 0.10 ～ 0.15 米。这里应当是公共活动场所。

场地的周围有许多房址。场地以北发现房址 22 座，其中有 16 座门道朝南；场地以西发现房址 10 座，其中有 8 座门道朝东；场地以东南发现房址 17 座，其中有 10 座门道朝北或西北。很显然，场地就是中心广场，房屋是有意围绕着广场建造的，它们的门大多数向着广场，从而形成场地以北和以西的房屋与场地以南和以东的房屋遥相对望的情况。当时的居住区房屋大体上是椭圆形排列的。

墓地位于居住区的东南，其范围南北长约 100 米，东西宽约 80 米。

晚期的村落布局情况与临潼姜寨仰韶村落布局情况大致相同。

为了保护遗址的全貌，在清理到了晚期房址之后就停止下挖，所以对早、中期的村落布局情况了解得很少。只知道在中期的时候，在相当于晚期广场的地方也没有房屋建筑和遗迹，只有 2 层路土和一些窖穴，可能也是一块空阔的场地。值得注意的是，这一时期偏上的那层路土是经过人为加工的，其中有料姜石、红烧土碎块，路面有的地方被烧红，并发现有大量被火烧烤过的动物骨骼，又发现有不规则的 20 多个柱洞等，因此，这里很可能是举行祭祀活动的场所。场地以东，发现了 1 座残破的房屋，门朝西，对着广场。在场地南面，发现了 1 道排水沟，由西北走向东南。在场地以东和东南方向，各发现了 1 处墓地。

在早期的时候，相当于晚期广场的地方没有发现路土，也没有发现房屋建筑遗址，只发现有窖穴。墓地位于遗址的东部。遗址西部发现了 1 座陶窑。

从上述情况分析，早、中、晚 3 期的村落布局有沿用，也有变化。例如，早期在遗址东部建立了墓地，到中期仍然在那里建立墓地，但后来就迁到了遗址的东南部；中期在遗址的中部开辟了广场，到晚期仍继续作为广场；中期迁到遗址东南部的墓地，到晚期继续在那里沿用，等等。这种情况与早、中、晚 3 个时期的文化遗存互相承袭的情况是一致的。

四、北首岭墓葬

北首岭墓地是仰韶墓葬发掘得较多的一处，多样的埋葬现象，为我们研究当时社会生活和精神文化提供了珍贵材料。

关于有些骨架肢体残缺的问题，目前不能明确产生此种现象的原因。但是，这种情形在墓葬中屡有出现，纵然有一部分是由于自然毁坏或后人扰动等情况造成，但决不会全部都是由于这些原因造成的，其中有相当一部分一定是有意的。猜测其用意有 2 种：

其一，可能是为了辟邪或畏惧死人，把尸体绑合，甚至支解，使死者的魂魄不会回来，北首岭 77M13 人骨架的 2 条小腿被肢解后压在大腿下面的情况就是这样，这种肢解躯体某一部分的情形，在西安半坡、临潼姜寨的仰韶墓葬中都出现过。

其二，可能是为了取出少量骨骼去与其他尸骨合葬。北首岭的肢体有残缺的墓葬中，有的只缺少 1 根肱骨或 1 根股骨，有的甚至缺少了躯干的大部分骨骼，个别的墓甚至完全没有骨架，只有几件随葬陶器，这与山东兖州王因的新石器时代墓葬很类似，那里也有许多墓葬缺少肢体，但有的墓葬却有其他个体的骨骼。姜寨 M18 墓主人左臂旁边发现有另一个人体的被砍断的股骨，这可能是迁葬的缘故，或者其他原因。至于北首岭77M17骨架缺少头颅，并在头部位置侧置1个画有多种黑彩符号的陶尖底器这一现象，推测可能与当时存在猎头风俗有关。77M17墓主人也许就是被猎去了头颅的不幸者，而那个放在头颅位置的彩陶可能是用以代替死者头颅的物品，彩陶上的多种符号也许具有祭奠亡灵的某种意义。

关于大坑套小坑的埋葬方式问题。在北首岭发现的77M6是1个大坑套有3个小坑的墓葬，每个小坑只埋1具骨架或1个个体的骨骼，均为男性。其中2个是一次葬，另一个只有几块骨骼。推测墓里的3个人大概是死亡时间比较接近，可能还有比较亲近的血缘关系。因此，这座墓葬是一座比较讲究的合葬墓。

五、北首岭人的生产生活

北首岭遗址位于金陵河西岸的黄土台上，土地肥沃，气候温和，降雨量较多，是一片适宜农业生产的场所。从北首岭遗址发掘的情况来看，北首岭先民已过着以农业为主的定居生活。北首岭遗址的仰韶文化堆积厚处可达4米以上，有些地方数层居住遗址叠压在一起，村落形制具有相当规模，而上、中、下3层文化遗存又具有明显的连续性，说明仰韶先民在此定居周期性比较稳定。居址中出土的生产工具共有951件，其中石斧、石铲、石刀、骨铲、角铲、角锄、陶刀等农业生产工具共248件，占26%；骨镞、角矛等狩猎工具共81件，占8.6%；石网坠等渔猎工具仅 6 件，占 0.6%；敲砸器、石凿、研磨盘、研磨棒、研磨器、磨石、角凿、陶内模等日常生产用具和制陶工具共 617 件，占 64.9%。说明在所有的生产生活中，农业居于主要地位。此外，在居址中发现的较多的加工谷物的石碾谷盘、石棒及家猪骨骼也进一步证明了这一点。这说明即便在早期，北首岭的农业也已达到一定水平。

但是，同其他遗址相比较，北首岭先民的狩猎经济占比较大，而渔猎经济占比较小。根据动物骨骼的研究，北首岭野生动物骨骼共 18 件，是属于偶蹄类为主的森林和山林荒野的动物群，所以古时北首岭周围曾是森林和草原地带，为狩猎经济提供了良好生态环境。从发现的情况来看，中期和早期墓葬所出骨镞为数很多，相当一部分墓里出土有野猪獠牙，个别墓出土有数十枚獐牙。这些都突出显示了狩猎在北首岭先民的生产经济中的地位。

许多证据说明当时北首岭社会已存在一定的分工。有的墓随葬有很精美的石斧，但这些石斧并没有使用痕迹，可能标志着墓主人生前是农业生产活动的领导者；有的墓随葬有较多的骨铲原料，并有意识地放在一块大砺石上面，可能反映了墓主人生前是从事骨器制造工作的；有的墓随葬有颜料或随葬的陶器特别精美，可能标志着墓主人生前是专职制造陶器的；有的墓随葬有整束骨镞或獐牙，可能标志着墓主人生前是狩猎能手。

在中期以后，北首岭可能已开始有了贫富差别，只是还不太悬殊。有的墓中随葬品比较丰富，有的墓中没有随葬品，有的墓只随葬了一两件陶器，这显然存在一定差别。在原始社会，当生产力发展到一定阶段的时候，具有专门生产技能的人不但受到社会的尊敬，而且在物质生活方面也将分享到较多、较好的一份，这是自然而然的事情。

原始交换在当时可能已经发生。墓葬中发现有数十枚榧螺，这种软体动物产于海中，因此，它们很可能是经过辗转交换得来的。

中期以后，原始的文化艺术有了较快发展。

在绘画方面，当时的彩陶除了常见的人面、鱼及图案化的几何形纹样以外，还出现了一些精彩的写真画面。在雕塑方面，陶塑人半身像和陶塑人面像充分展示了北首岭先民的艺术创作水平。

六、科技考古

经测定，北首岭遗址上层的年代为距今 5745±150 ～ 6035±190 年；中层的年代为距今 6120±180 ～ 6790±185 年；下层的年代为 6970±185 ～ 7100±180 年。测定的中层年代大致与半坡遗址所测的几个数值相同，下层测定的年代早于半坡类型的年代，上层测定的年代数值略早于庙底沟遗址所测数值，但与庙底沟遗址较早的数值很接近。这些情况与北首岭早、中、晚 3 期文化遗存的文化面貌的发展演变状况是吻合的。

根据中国科学院古脊椎动物与古人类研究所鉴定，北首岭人基本上属于蒙古人种，身长 162.34 ～ 175.30 厘米。

经鉴定，宝鸡北首岭遗址的动物种类有中华竹鼠、中华鼢鼠、猕猴、家犬、狗獾、貉、狐、棕熊、野猪、家猪、马鹿、麝、獐、家鸡、鳖、中华圆田螺、海产榧螺、蚌等。

通过对北首岭遗址的深入研究，我们不禁为中国史前文明的辉煌成就而赞叹。北首岭遗址作为这一时期的代表之一，为我们提供了宝贵的实物资料和历史信息。本书旨在传递北首岭遗址的价值与意义，激发更多人对史前文明的探索与兴趣，同时，我们也期待能有更多的研究者和爱好者加入其中，共同推动中国史前文明研究的深入发展。